Barbara
Es war einmal ein schwarzes Klavier …

BARBARA

Es war einmal ein schwarzes Klavier …

Unvollendete Memoiren

Herausgegeben von Andrea Knigge

Aus dem Französischen von Annette Casasus

WALLSTEIN

Originaltitel:
»Il était un piano noir … mémoires interrompus«
by Barbara

Die Übersetzung dieses Buches wurde
von der Göttinger Kulturstiftung gefördert.

GÖTTINGER KULTURSTIFTUNG

Die Veröffentlichung erfolgte in Zusammenarbeit
mit dem Städtischen Museum Göttingen.

Bibliografische Information der Deutschen Nationalbibliothek
Die Deutsche Nationalbibliothek verzeichnet diese
Publikation in der Deutschen Nationalbibliografie;
detaillierte bibliografische Daten sind im Internet über
http://dnb.d-nb.de abrufbar.

3. Auflage 2018

www.wallstein-verlag.de
Vom Verlag gesetzt aus der Aldus
Umschlaggestaltung: Marion Wiebel, Wallstein Verlag
Druck und Verarbeitung: Hubert & Co, Göttingen

ISBN 978-3-8353-3076-4

Inhalt

Einleitung

»Ah, wer das könnte! Hereinstaksen auf die Bühne – steif, hager, hakennasig, im langen, schwarzen Schleppkleid, sich wie erschöpft am Piano niederlassen, das Publikum ignorieren, pausieren, lange, lange nichts tun, den Blick nach innen gerichtet, auf den Lippen dieses kleine Lächeln … und dann die Hand über die Tasten gleiten lassen, so, als wolle man nur sich selber zuhören … und dann irgendein kleines Lalala summen, das wie von selber zu einer Melodie wird, zu einem Vers, einem Chanson.« – Wer das konnte, das war Barbara, und so beschrieb sie 1967 der Publizist und Filmemacher Georg Stefan Troller für das Cover ihrer einzigen in deutscher Sprache aufgenommenen Schallplatte.

2017, im Jahr ihres zwanzigsten Todestages, geriet die geheimnisvolle Französin wieder in den Fokus, als Gérard Depardieu, ein Gefährte der exzentrischen Diva, der die Zuneigung seiner Landsleute in letzter Zeit etwas verspielt hat, ihre Lieder im Pariser *Théâtre Bouffes du Nord* interpretierte und dafür euphorisch bejubelt wurde. Zitiert wurde sie vom deutschen Bundeskanzler Gerhard Schröder 2003 anlässlich des vierzigsten Jahrestages der Unterzeichnung des Elysée-Vertrages und vom Bundespräsidenten Joachim Gauck im Januar 2017, als er zur Verleihung der Ehrendoktorwürde der Sorbonne das lange so sicher gewähnte und nun wieder bröckelnde europäische Einheitsgefühl anmahnte.

Barbara begeisterte mit enormer Bühnenpräsenz, sie ließ ihr Publikum bei ihren Auftritten atemberaubt verstummen und dann frenetisch applaudieren. Sie war sich stets der Wechselwirkung zwischen ihrem Vortrag und der »Liebe«, der »Energie« des Publikums bewusst, »das für mich wie ein Geburtshelfer war«. Keine noch so kleine Geste überließ sie dem Zufall, feilte permanent an ihrer künstlerischen Darstellung, an ihrer Erscheinung.

Lange hatte sie ihre, wie sie es empfand, »Hässlichkeit« nicht ertragen können, bis sie selbst die Frau, die sie sein wollte, erschaffen hatte: »Ich begann, dieses lebende Material, das mir gegeben war, wie ein Bildhauer zu bearbeiten, zu modellieren. Habe ich so diese Frau gestaltet, die ich sein wollte, oder ist diese Metamorphose der Bühne selbst geschuldet, die mich langsam, aber sicher dem annäherte, was mein Äußeres geworden ist?«

Geboren wurde Barbara 1930 in Paris als Monique Andrée Serf als zweites von vier Kindern einer jüdischen Familie mit Wurzeln im Elsass und in der Ukraine. Mit ihrem Künstlernamen ehrte sie die geliebte, aus Odessa stammende Großmutter Varvara Brodsky. Sie avancierte zu einer der großen Stimmen des französischen Chansons. Ihr Name leuchtet heute neben den beiden anderen großen »B's« Jacques Brel und Georges Brassens, neben Edith Piaf, Juliette Gréco, Georges Moustaki, Léo Ferré …

Ihr bewegtes Leben spiegelt neben einer mit traumatischen Erlebnissen verbundenen Familiengeschichte auch das 20. Jahrhundert in Europa wider: Zweiter Weltkrieg, Verfolgung und Ermordung der Juden durch die Nationalsozialisten, die langsame Überwindung alter Feindschaften, das Erwachsen eines neuen europäischen Gedankens. An der Aussöhnung zwischen Deutschland und Frankreich hatte sie, ganz unverhofft, ungeplant, einen besonderen Anteil: Das Lied *Göttingen*, entstanden nach einem Gastspiel, das sie im Land der Täter zunächst gar nicht geben wollte, wurde zur Hymne der deutsch-französischen Versöhnung. In Frankreich stimmt man es heute noch an, wenn das Gespräch auf die Stadt mit der berühmten Universität kommt: Göttingen, wo auch die für Barbara so wichtigen Brüder Grimm gelebt und gearbeitet hatten.

Barbara wollte schon als Kind nur eines: singen. »Entscheidet man sich eines Tages dafür, zu singen, oder ist es nicht vielmehr eine lange und schöne Krankheit, die man in sich trägt und von der man niemals vollkommen geheilt wird?« Sie ringt ihren Eltern Gesangsstunden ab, ein Klavier wird gemietet, 17-jährig beginnt sie ein Gesangsstudium, das sie abbricht, reißt knapp 18-jährig von zu Hause aus und tingelt durch zwielichtige Clubs in Belgien und Paris, hält sich mit Tellerwaschen und dem Interpretieren von Chansons anderer, schon bekannter Musiker über Wasser.

1954 erhält sie ein Engagement in der *Ecluse* (Schleuse), einer Kleinkunstbühne in Paris, wo sie bis 1964 bleibt. Steil aufwärts mit ihrer künstlerischen Karriere geht es, als sie beginnt, eigene Lieder zu schreiben und vorzutragen. Von nun an füllt sie die großen Konzertsäle wie das *Bobino* oder das *Olympia*, tourt um die Welt von Kanada bis in die UdSSR. Daneben wirkt sie als Schauspielerin in Film und Theater, etwa an der Seite von Jacques Brel, Gérard Depardieu oder Maurice Béjart, und engagiert sich ehrenamtlich in sozialen und karitativen Einrichtungen. Mit beispielloser Hingabe widmet sie sich in ihren späteren Lebensjahren dem Kampf gegen Aids.

Ihr bewegtes, intensives Leben aufzuschreiben hat die charismatische Künstlerin erst im Jahr 1997 begonnen, in ihrem Haus im gut 30 Kilometer östlich von Paris gelegenen Précy-sur-Marne, als sie, schon länger gesundheitlich geschwächt, nicht mehr singen konnte. »Niemals mehr werde ich eine Bühne betreten. Ich werde nie wieder singen«, beginnt sie ihre Erinnerungen. Und weiter: »Zu schreiben bedeutet heute für mich, den Dialog wieder aufzunehmen. [...] Vor mir liegt viel Arbeit, aber es ist eine Arbeit, die ich mag [...]. Es ist sechs Uhr morgens, ich bin siebenundsechzig Jahre alt, ich liebe mein Haus, und es geht mir gut.« Mit wenigen Strichen skizziert sie komplexe Themen und Stationen ihres Lebens, erzeugt Gefühle; ihre manchmal sehr knappen Formulierungen sind von atmosphärischer Dichte – so wie in ihren Chansons. Sie konnte ihre Memoiren nicht mehr vollenden, starb noch im selben Jahr, in dem sie mit der Niederschrift begonnen hatte. Sie hätte mit Sicherheit an vielen Stellen gefeilt, neu modelliert, verworfen, ergänzt, umgeschrieben – und vielleicht auch die eine oder andere Ungenauigkeit bei den Fakten korrigiert und diese anders gewichtet –, aber gerade das noch unbearbeitet Geäußerte, das im Moment des Schreibens so Erinnerte, besticht in seiner Unvermitteltheit, ist pointiert und poetisch und evoziert ein einmaliges, kompromissloses Künstlerleben. Genau dies macht den authentischen Charme, macht das Bewegende der Erinnerungen von Barbara aus.

Die Idee zu einer deutschen Ausgabe des in Frankreich in schon mehreren Auflagen erschienenen Buches hatten 2014 während eines Barbara-Festivals in Göttingen Annette Casasus und ihr Mann Karl-Udo Bigott. Nach dem plötzlichen Tod von Karl-Udo Bigott noch im selben Jahr nahm Annette Casasus erst 2016 im Rahmen der Ausstellung »Barbara 1964« im Städtischen Museum Göttingen die Idee der Übersetzung von *Il était un piano noir* wieder auf und leistete sie nun mit Leidenschaft. Die deutsche Ausgabe ist neben einigen Abbildungen um Fußnoten erweitert, die die französischen Kontexte erläutern. Dabei konnte es nicht darum gehen, die vielfältigen Aspekte des Lebens von Barbara näher zu beleuchten, zu kommentieren oder zu deuten. Diese nicht unheikle Arbeit mögen die Biographen leisten. Auf die Übersetzung von Titeln ist in den meisten Fällen verzichtet worden, nur gelegentlich wurde sie zum besseren Verständnis des Kontexts hinzugefügt. Zur Ergänzung stehen am Ende eine Zeittafel und eine Diskographie.

Die Realisierung dieses Buches wäre nicht möglich gewesen ohne das Einverständnis und das Mitwirken von Personen und Institutionen, die sich für das Andenken und Fortleben von Barbara auf verschiedene Weise engagieren. Zu danken ist Bernard Serf und Martine Worms von der Association Barbara Perlimpinpin Paris, dem französischen Verlag Fayard, Christiane Gieselmann, der Göttinger Kulturstiftung sowie Andrea Rechenberg und Ernst Böhme vom Städtischen Museum Göttingen.

Andrea Knigge

Anfang des Frühjahrs 1997 begann Barbara damit, die Geschichte des schwarzen Klaviers und die Geschichte des hingebungsvollen Nomadenlebens einer »Frau, die singt« aufzuschreiben. Als sie uns im selben Jahr am Nachmittag des 24. November so plötzlich verließ, hatte sie erst einige, immer stärker ausgearbeitete Versionen eines chronologischen, jedoch noch ausgesprochen unvollendeten Berichtes verfasst. Manche Teile bestanden aus Entwürfen und kurzen Aufzeichnungen, die mit diesem Projekt in Zusammenhang standen, andere mit Themen, die sie uns ebenfalls nahebringen wollte: ihre Tourneen, ihre Engagements, andere schöne Begegnungen, die Häftlinge, Aids, Drogen, die Einsamkeit, Krankheit und Ärzte, Religion, Tod …

Sollten diese Texte veröffentlicht werden, von denen wir wissen, dass sie sie unentwegt überarbeitet hätte, immer wieder korrigiert bis zum endgültigen Abgabetermin des Manuskriptes im Herbst 1998? Eine schwierige und beunruhigende Frage, über die wir äußerst lange und intensiv nachgedacht haben, oft mit Schmerzen und voller Zwiespalt.

Wenn wir uns letztlich dazu entschlossen haben, dieses Buch erscheinen zu lassen, dann deshalb, weil sie sich leidenschaftlich dem Verfassen gewidmet hatte, aber auch – selbst wenn sie es zu ihrem eigenen Vergnügen tat und sie so das gerade aufgenommene Trauern besser ertragen konnte –, weil sie dieses Buch vor allem für ihr Publikum schrieb, dem sie sich mit ihrem ganzen Mut, ihrer Ausdauer, Ernsthaftigkeit, Großzügigkeit und Liebe hingegeben hatte.

»Claude, Régine und dann Jean ...«[*]

[*] Die drei Geschwister Barbaras zitieren hier eine Zeile aus dem Chanson *Mon enfance* (s. auch S. 40-42).

Niemals mehr werde ich eine Bühne betreten.

Ich werde nie wieder singen.

Niemals mehr diese Stunden in meiner Garderobe, in denen ich meinen Lidstrich ziehe und meine Lippen mit diesem lichtschimmernden Puder zeichne, in denen ich mich mit dem Pinsel zur Langsamkeit zwinge, zur Langsamkeit, um mich für Sie schön zu machen.

Niemals mehr werde ich den Strass anlegen, den mit Pailletten bestickten schwarzen Samt.

Niemals mehr dieses Warten hinter den Kulissen, während mein Herz bis zum Hals schlägt.

Niemals mehr wird sich der Vorhang öffnen, niemals mehr wird der Fuß beim Ertönen des Beckenschlages ins Licht gesetzt.

Niemals mehr werde ich auf Sie zuschreiten, zu Ihnen kommen, damit wir uns wieder vereinen.

Eines Abends, es war 1993 im *Châtelet**, schlug mein Herz – zu schwer und übervoll von Emotionen – plötzlich zu schnell und zu heftig, und einige unendliche Sekunden lang, in denen niemand – da bin ich ganz sicher – etwas mitbekommen hat, weigerte sich mein Körper, einem Hirn zu gehorchen, das übrigens längst nichts mehr steuerte.

Dieser Moment blanker Panik, in dem ich gelähmt, kopflos und verloren war, hat sich tief in mich eingebrannt.

* *Théâtre du Châtelet*, im Herzen von Paris gelegenes großes Theater, in dem Barbara zwischen 1987 und 1993 eine Reihe von Konzerten gab.

Eine Zeit lang habe ich meine Auftritte unterbrechen und schließlich endgültig aufgeben müssen.

Dennoch bin ich zwei Monate nach diesem Abend auf Tournee gegangen. Später werde ich von dieser Tournee erzählen, vom ersten Tag bis zum letzten Abend.

Im Anschluss daran bin ich mit einer großen inneren Leere nach Précy zurückgekehrt und habe zwei Jahre lang um einen Teil meines Lebens, der so jäh zu Ende gegangen war, getrauert.

Zu schreiben bedeutet heute für mich, den Dialog wieder aufzunehmen.

Warum habe ich zum ersten Mal akzeptiert, von einem »vorher« zu sprechen? Weil ich die einzige bin, die dies tun kann! Ich werde es also versuchen, selbst wenn die Zeit die Bilder verzerrt und sie unscharf oder – ganz im Gegenteil – zu präzise, zu fröhlich oder zu schmerzlich werden lässt.

Vor mir liegt viel Arbeit, aber es ist eine Arbeit, die ich mag, und ich werde mich nicht darüber beklagen.

Es ist sechs Uhr morgens, ich bin siebenundsechzig Jahre alt, ich liebe mein Haus, und es geht mir gut. Aus dem Zimmer, in dem ich schreibe, blicke ich in den Garten: Die ersten Rosen erblühen und die weiße Glyzinie ergießt sich in den Patio.

Ein komplettes, verborgenes Leben hat dort hinten seine Wurzeln, in den stehenden Wassern, die einen herben Geruch nach Schwefel verströmen.

Ich habe gelernt, auch die geringsten Geräusche zu erkennen, die unterschiedlichen Gerüche der Erde zu den verschiedenen Tageszeiten. Einzig ein katzenhaftes, unbeständiges Licht überrascht mich manchmal. Mein Blut pulsiert in dem geheimen Rhythmus, der aus dem Boden emporsteigt. Von diesem Ort geht ein so tiefer Friede aus, dass es mir häufig ungerecht erscheint und mich schmerzt, dass nicht die ganze Welt an ihm teilhaben kann. Ein innerer Friede, der mir beschert wurde, weil ich mir für den Rest meiner Tage – wie man so sagt – »dieses kleine Stückchen Frankreich« gönnen konnte.

Précy, den 27. April 1997

Unvollendeter Bericht

»Es war einmal ein schwarzes Klavier …«, diese Geschichte beginnt bei Einbruch der Nacht, am 9. Juni 1930 in Paris, Square des Batignolles.

Ich war ein kleines Mädchen, das sich – wie so viele andere Kinder – eine Welt erschaffen hatte, um sich dorthin zurückzuziehen. In dieser Welt war ich eine singende Pianistin. Mit den Fingern trommelte ich Melodien auf den Tisch, sang und sprach sie unermüdlich mit. Meine Hände bewegten sich wie auf einem imaginären Klavier, und stundenlang war ich die größte Pianistin der Welt!

»Komm, deck bitte den Tisch …«

Oh, diese Menschen, die mich aus meinen Träumen reißen und die schuld sind daran, dass ich es auf immer und ewig hasse, gehorchen zu müssen!

Wenn man die größte Pianistin der Welt ist und die Töne herumwirbeln, sich erheben, durch die geöffneten Fenster bis über die Wolken hinauf in den Himmel emporsteigen, um sich dann, Kaskaden von Regen gleich, in die Tiefen der Meere zu ergießen, auf die Gründe der Flüsse hinab zu sinken, sich von ihnen aufnehmen, verschlingen zu lassen, um weit entfernt, in anderen Ländern wieder aufzutauchen, ausgespien zu werden, wenn man »die größte Pianistin der Welt« ist, dann deckt man nicht den Tisch! Die größte Pianistin der Welt bin ich nicht geworden, aber ich habe nie aufgehört, Musik zu hören, und auch meine Abneigung gegen alles, was so einfach meine Träume unterbrechen und den Augenblick zerstören könnte, habe ich mir bewahrt. Ich hasse es, wenn jemand plötzlich laut in meine geheimen Rückzugswinkel eindringt. Ich verabscheue diese jähen Unterbrechungen, diese knallenden Türen, diese viel zu lauten Stimmen, die mich bei meiner Arbeit verletzen.

Wie soll ich es nur ausdrücken, es noch einmal sagen, ohne wie ein Ungeheuer zu wirken, wo ich doch lediglich um Respekt für diese Stille bitte, auf die jeder ein Anrecht hat. Ich schreibe folgende Zeilen und hänge sie in einen kleinen schwarzen Rahmen:

Ich bin schwer zu ertragen,
wenn ich arbeite.
Schreien nützt nichts.
Ich sehe nichts,
aber ich höre gut.
Danke!

Dies verändert die Dinge und macht die Stimmen sanft. Um mich herum säuselt es eine Zeit lang …

Und dann diese Fragen! Oh, die Fragen dieser ewig Neugierigen, die immer wissen wollen, was uns vollkommen selbstverständlich scheint: »Wann haben Sie beschlossen zu singen?« Entscheidet man sich eines Tages dafür, zu singen, oder ist es nicht vielmehr eine lange und schöne Krankheit, die man in sich trägt und von der man niemals vollkommen geheilt wird?

Ich litt an dieser schönen Krankheit, von der ich nur mit großen Schwierigkeiten kuriert werden konnte. Heute, immer noch genesend, kann ich dieses Buch schreiben …

Meine ältesten Erinnerungen reichen zurück bis in das Jahr 1937, als ich in Marseille meine erste große Liebe kennenlernte. Ich war sieben Jahre alt und hatte mich in den Sprössling einer adeligen Familie verliebt, einen Dreizehnjährigen, der wahrhaft sehr gut aussah.

Meine erste kleine Dieberei geschah für ihn: zweiunddreißig frische, duftende, saftige Feigen und so schön anzuschauen, dass mein Vater sie einzeln abzählte und in die Obstschale auf dem großen Buffet legte.

Zwei Tage lang leugnete ich, diese zweiunddreißig Feigen stibitzt zu haben, trotz der Drohung, die Gendarmen zu rufen, mich auf ein Internat zu schicken und weiterer demütigender Strafen.

Marseille: Das war der Mistral, mit dem wir zu kämpfen hatten, der meinen Bruder Jean und mich auf dem Weg zur Schule an die Mauern drückte. Marseille, das war der Duft der großen, mit Knoblauch eingeriebenen und mit Olivenöl beträufelten Brotscheiben, die wir in unseren Schulranzen verstauten, das Wettrennen den Boulevard Gaston-Crémieux hinunter, alsdann links und noch einmal links bis zu unseren aneinander grenzenden Schulen. Das Klappern meiner Holzpantinen im Innenhof der Schule, wenn ich ihn rennend überquerte, weil ich zu spät war, die Garderoben und die alten Garderobenhaken, der Geruch der eierschalenfarbenen Schulkittel, auf denen in Rot unsere Namen standen. Und wenn ich endlich in der Klasse angelangt war, erwarteten mich dort mein Schulpult, der Federkasten, das angenagte Radiergummi, der nach Mandeln duftende Topf mit Klebstoff und der Duft der veilchenfarbenen Tinte.

Die schönsten Erinnerungen an meine über verschiedene Institutionen verstreute Schulzeit habe ich an Marseille; sie duften am wohlsten.

1938: Wir sind in Roanne, wo meine kleine Schwester Régine zur Welt kommen wird. Von hier stammt meine einzige Erinnerung an ein Weihnachtsfest in der Familie. Am 24. Dezember – es herrschte eine klirrende Kälte – wurden wir zur Mitternachtsmesse mitgenommen. Bei der Rückkehr wartete in der Küche unsere Großmutter, Granny, auf uns, mit einer Orange, einer heißen Schokolade, die einen köstlichen Duft nach Zimt verströmte, und einigen Stückchen Kandiszucker, die sie uns auf einer kleinen blauen Untertasse servierte. Welche Leckereien!

Wie sehr liebte ich meine Großmutter! Sie war ausgesprochen zierlich, mit sehr hohen Wangenknochen, großen schwarzen Augen und überaus feingliedrigen Händen. Das Licht der Welt hatte sie in Tiraspol in Moldawien erblickt, wo auch meine Mutter geboren wurde. Granny duftete nach Honig und buk für mich Kuchen mit hellen Rosinen aus Korinth, Strudel mit Äpfeln und kleingehackten Nüssen. Sie tröstete mich über alles hinweg. Ich kletterte auf ihre Knie und machte es mir in ihren Armen bequem. »Bin ich deine Liebste, Granny? Erzähl' wie du in Russland warst, wie du nach Paris gekommen bist. Erzähl' wie es war, als Mama noch klein war!« Granny erzählt mir, und als Dank setze ich mich an den Tisch vor mein imaginäres Klavier und spiele ein Lied für sie.

1938 herrscht in Roanne Armut. Ich trage Kleider von Erwachsenen, die für meinen kleinen Kinderkörper zurechtgeschneidert sind und die ich nicht ausstehen kann. In Roanne gab es auch Gerichtsvollzieher, sogenannte »Frühaufsteher«! Eines Tages habe ich sogar miterlebt, wie alle unsere Möbel verschwanden, außer dem Bett meiner Eltern und – Gott sei Dank – dem großen Tisch, auf dem ich meine Lieder erfand und mit den Fingern Klavier spielte.

Ich habe Sätze gehört wie: »Kinder, ihr dürft nicht die Tür aufmachen!« und »Ihr sagt, dass Papa nicht da ist!« Wegen der Gläubiger machten wir oft Umwege. Häufig schämte ich mich. Seitdem hasse ich das Wort »Geld«, die Schummelei und die Lüge. Ich habe das krankhafte Bedürfnis nach Wahrheit, nach meiner Wahrheit …!

Von Roanne behalte ich besonders die Kälte in Erinnerung; wir froren in unserem Haus und in der ganzen Stadt, die ich im eisigen Winter durchqueren musste, ohne Handschuhe, mit blaugefrorenen Fingern, die unendlich schmerzten. Oh wie sehr sie schmerzten!

Viel später, als ich im *Théâtre des Variétés*[*] auftrat, kaufte ich bei einem alten Herrn, der nebenan in der Ladenzeile ein kleines Geschäft hatte, einen ganzen Vorrat an Handschuhen aus Wolle und Leder in allen möglichen Farben, prachtvolle cremefarbene Handschuhe oder weiße, die bestickt waren, feminin verziert mit Perlmuttknöpfchen, die wie Perlen aussahen. Etliche davon habe ich verschenkt, aber manche befinden sich noch immer hier bei mir.

Aus Roanne hat sich unsere Familie heimlich, still und leise, ohne zu bezahlen davongemacht, in einem alten, dunkelgrünen Oldsmobile, an dessen Existenz ich mich nur noch in diesem Zusammenhang erinnere, den ich aber wunderschön fand.

In der Nacht habe ich mich ständig im Bett herumgewälzt, glaubte ich doch, wir würden verfolgt, und bis heute weiß ich noch immer nicht, ob ich dabei Furcht oder Vergnügen empfand.

September 1939: Wir leben in Le Vésinet. »Kinder«, sagen uns unsere niedergeschlagenen Eltern, »der Krieg ist gerade ausgebrochen, wir müssen weg.«

Mein Vater wird eingezogen.

* Das 1807 gegründete *Théâtre des Variétés* ist eines der ältesten noch existierenden Theater in Paris.

Die Familie trennt sich: Meine Mutter bleibt mit meiner kleinen Schwester Régine zusammen, mein Bruder und ich mit Tante Jeanne.

Stets umhüllt von weiten Mänteln, herrisch und noch immer schön (sie war einst Mannequin bei Poiret*), mit ihren langen, durch das Rheuma ein wenig verformten Händen, kreuzte Tante Jeanne, ihre goldverzierte Krokotasche an sich gepresst, oft in Krisenzeiten oder wenn es kein Brot mehr gab, plötzlich bei uns auf und rief: »Ah, meine armen Kinder!«

Tante Jeanne bringt uns von Le Vésinet nach Poitiers, wo wir bei einer ihr bekannten Arztfamilie untergebracht werden. Wir gehen auf eine Schule, vor der eines Tages, zu meiner großen Überraschung, mein Vater am Ausgang auf mich wartet. Er ist in Uniform und hat nur zwei Stunden Zeit, die er mit mir und meinem Bruder verbringt. Danach bringt er mich zurück. Schluchzend flehe ich ihn an zu bleiben. Vergeblich. Ich sehe ihn noch, wie er sich entfernt, sich umdreht, wieder zurückkommt, mich in seine Arme schließt. Um mich zu beruhigen, steckt er mir vierzehn Sous aus seiner Tasche zu, von denen ich mir mit schwerem Herzen Lakritze kaufe.

Die Lakritze, in all ihren Varianten, wird mich nie wieder verlassen: Lakritzstangen, Lakritzschnecken, kleine Stückchen und Lakritze mit Veilchengeschmack … Ich werde immer und überall welche um mich und bei mir haben. Später, ohne ihre schädlichen Auswirkungen auf den Blutdruck zu kennen, werde ich sie allen meinen Freunden anbieten. Lily Passion** trägt eine mit Strass be-

* Paul Poiret (1879-1944) war bis zum Ende des Ersten Weltkrieges wegweisender französischer Modeschöpfer.

** Hauptfigur des gleichnamigen von Barbara geschriebenen Stücks, in dem sie 1986 zusammen mit Gérard Depardieu auftrat.

setzte Handtasche, voller blauer Lakritze mit Veilchengeschmack.

Ohne mir dessen bewusst zu sein, werde ich fortwährend auf der Suche nach diesem glücklichen Augenblick sein, aber eine solche Vater-Kind-Beziehung werde ich nie wieder erleben.

Wohingegen ich lange die Erinnerung an diese Mischung aus Faszination, Angst, Verachtung, Hass und einer grenzenlosen Verzweiflung in mir bewahre, die ich erneut empfinde, als ich ihn, zwanzig Jahre später, in Nantes tot wiedersehe …

Von Poitiers brechen wir nach Blois auf. Meine Mutter, die in der Präfektur arbeitet, erfährt, dass die Brücke, über die man aus der Stadt heraus gelangt, gesprengt werden soll, und bittet Tante Jeanne, uns rasch fortzubringen. Wir sitzen im letzten Zug, der Blois verlässt, und fahren einem unbekannten Ziel entgegen. Aus dem geöffneten Fenster sehen wir meine Mutter winken. Ihre zierliche Hand steckt in einem Handschuh. Wir weinen.

In unserem Abteil befindet sich eine Gruppe verirrter Pfadfinder mit ihrer Leiterin.

Nach ungefähr hundert Kilometern hält der Zug plötzlich mitten in der Ebene von Châtillon-sur-Indre an. Die Waggons werden abgehängt, die Lokomotive fährt alleine weiter und lässt uns auf freiem Feld zurück.

Einige Stunden später sehen wir vier Soldaten mit Maschinengewehren zur Bewachung des Zuges angerückt kommen.

Für uns Kinder wird der Zug ganz schnell zum Spielplatz: Wir rennen vollkommen aufgeregt die Gänge entlang, von Wagen zu Wagen. Um uns ein wenig zur Ruhe zu bringen, schicken uns die Erwachsenen zu den umliegenden Bauernhöfen, um Milch und Eier zu besorgen.

Auf dem Rückweg begegnen wir Soldaten, die sich auf der Flucht befinden und ihre letzten Konservendosen mit uns teilen.

Vergeblich warten wir auf die Rückkehr der Lokomotive. Der Zug bleibt mutterseelenallein in der Ebene stehen.

Am fünften Tag tauchen drei Jagdflugzeuge auf. Eines wird von einer nahestehenden Flugabwehr getroffen, die anderen kommen im Sturzflug herunter und rasen im Tiefflug über den Zug. Wir können gerade unter den Tragflächen die Hakenkreuze erkennen, bevor das eine von ihnen beginnt, die Wagen neben dem unseren zu beschießen.

Panische Angst überall, Schreie. Es gibt Tote und Verletzte. Die Verletzten müssen vierundzwanzig Stunden warten, bis Krankenwagen kommen, um sie abzuholen.

Kinder zeigen im Angesicht des Unglücks oft grausame Reaktionen oder sind vollkommen sorglos. Wenn man neun Jahre alt ist, bedeutet Krieg manchmal auch das Grauen durch Spielen zu überwinden. Wir spielen weiterhin in der Nähe des Zuges in der Ebene.

Siebzehn Tage werden wir dort bleiben.

Ich kann mich nicht mehr daran erinnern, wie wir aus dieser Hölle herauskamen, um letzten Endes in einer leerstehenden Schule in Préaux, in der Nähe von Châteauroux zu landen.

Wir schreiben das Jahr 1940. Tante Jeanne macht sich Sorgen. Mit Hilfe der Stadtverwaltung von Préaux versucht sie, unsere Eltern zu finden. Wir erfahren, dass mein Vater aus der Armee entlassen ist und sich in Tarbes aufhält. Meine Mutter mitsamt meiner kleinen Schwester Régine ist zu ihm gekommen, und dort treffen wir zur großen Erleichterung von Tante Jeanne alle wieder zusammen. Sie wird noch einige Zeit mit uns in den Pyrenäen bleiben.

In Tarbes mieten meine Eltern in der Rue des Carmes ein ziemlich großes und schönes Haus. Jenseits eines großen grünen Eingangsportals erstreckt sich ein gepflasterter Innenhof. Das Haus verfügt über zwei Etagen. Meine Eltern lassen sich im Erdgeschoß nieder, mein Bruder und ich haben das erste Mal in unserem Leben jeder ein eigenes Zimmer. Im ersten Stock, gleich hinter dem Treppenaufgang, befindet sich mein geräumiges und helles Zimmer, das von meinem Bruder am Ende des Flurs.

Das Leben gewinnt schnell wieder die Oberhand: Mein Bruder geht auf das Gymnasium Théophile Gautier, ich besuche die Grundschule.

Schulische Großtaten sind nicht meine Sache. Häufig erhalte ich Bemerkungen wie: »sehr undiszipliniert«, »kichert zu viel«, »Unruhestifterin«, »aufsässig«, »ungehorsam«. Andere zum Lachen und Singen zu bringen, Aufführungen zu organisieren, das ist es, was mich interessiert.

Meine Eltern und Tante Jeanne verdrehen die Augen oder geben durch verzweifeltes Schulterzucken zu verstehen, dass wahrlich … sei es drum … mein armes Kind, ja für ein Mädchen ist das sicherlich weniger schlimm, nicht intelligent und gebildet zu sein, aber trotz allem … Mein armes Kind!

Ich muss eingestehen, dass meine vierteljährlichen Zeugnisse nicht dazu angetan waren, sie vom Gegenteil zu überzeugen, so eine Niete, wie ich in allen Fächern war, außer natürlich im Singen und Vortragen.

»Dein Bruder, der wird mal Arzt werden.«

»Umso besser, umso besser!«

Tante Jeanne war die Witwe von Onkel Camille, der Arzt gewesen war und mit dem sie lange Zeit in Afrika verbracht hatte. Sie erzählte immer von den Pensionen, die er ihr hinterlassen hatte mit der Auflage, sich um unsere Erziehung zu kümmern. Ein Versprechen, das sie in Bezug auf meinen Bruder Jean hervorragend erfüllte, »weil er ein Junge ist«. Zu diesem Zeitpunkt war er gerade mal elf Jahre alt!

Sie mühten sich ab, um mir zu erklären, dass dies das allernormalste der Welt sei und ich das hätte verstehen müssen. In der Tat, ich habe ganz genau verstanden! … Dennoch: diese Vorliebe, die sie bei jeder guten und schlechten Gelegenheit zur Schau stellte, und mit der sie mich dabei wie ein uninteressantes Ding ohne jegliche Fähigkeiten in den Hintergrund drängte, habe ich lange Zeit als eine große Ungerechtigkeit empfunden, die dazu führte, dass mir mein Bruder damals häufig als wenig verständnisvoll oder schlichtweg unerträglich vorkam. Wohingegen er heute ein Mann ist, den ich bewundere und respektiere und der mich tief berührt.

Ich kam mir wie ein Faulpelz vor angesichts dieses Bruders, der in allem der Erste war, überall der Erste!

Anstatt aber abends meine Départements und die Geschichte Frankreichs auswendig zu lernen, organisierte ich im großen Waschhaus meine ersten »Vorstellungen« mit einem Haufen alter Anziehsachen, mit denen ich meine Hofnachbarn sowie die kleine Tochter der Hausbesitzerin, die ungeheuer hübsch war und die meinen Bruder Jean höllisch interessierte, verkleidete.

Mit Ausnahme dieser Spiele, die in meine Zukunft wiesen – so wie auch meine Träume, meine Ängste und Unruhen häufig Vorzeichen waren –, sind meine Erinnerungen an Tarbes schmerzhaft. Ausgesprochen schmerzhaft.

Meine Mutter habe ich über alles geliebt, aber ich erinnere mich nicht gut daran, in welcher Beziehung wir damals zueinander standen. Ich habe keinerlei Erinnerung; weder an ein Zeichen von Zärtlichkeit noch an irgendeine Art heimlicher Komplizenschaft oder an einen kleinen Spaziergang zusammen mit ihr. Ich kann mich nicht entsinnen, dass sie sich jemals für meine Lektüren interessiert oder in irgendeiner Weise meine Neigungen unterstützt oder begleitet hätte. Das »Hirn« der Familie war ein für alle Mal mein Bruder Jean. Deshalb kam ich mir häufig dumm vor und fühlte mich gedemütigt.

Vor meinem Vater habe ich große Angst. Nur, wenn wir beide alleine sind, ist er nett zu mir. Ich verstehe nicht so recht warum und finde, dass sein Verhalten seltsam wird. Oft wiederholt er mir gegenüber, meine Mutter habe meinen Bruder lieber als mich. Ich glaube, dass das stimmt, und leide ganz außerordentlich darunter.

Abends, wenn ich das große grüne Tor ins Schloss fallen höre und das Hallen seiner Schritte zu mir dringt, fange ich an zu zittern. Sobald mich mein Vater bei Tisch anschaut, kippe ich mein Glas um, meine Gabel fällt mir aus der Hand. Ich fürchte seine ewigen Fragen:

»Was hast du heute in der Schule gehabt?«

»Französisch, Rechnen, Texte aufsagen, Zeichnen und Geschichte.«

»Was hast du in Geschichte gelernt?«

»In Geschichte …« Ich rutsche unruhig auf meinem Stuhl hin und her.

»In Geschichte habe ich gelernt, dass die Gallier die Druiden verehrten …«

»Aha, und was noch?«

»Nichts, sie verehrten die Druiden«, und dann breche ich in Tränen aus. Das war das Ziel meines Vaters: mich zu verletzen und mich zu demütigen.

»Dieses Kind ist dumm. Ich frage mich, was später einmal aus ihm werden soll.«

Ich weiß nicht mehr, an wen ich mich wenden, wem ich meinen Kummer anvertrauen kann. Gerne hätte ich bei meinem Bruder Jean Zuflucht gesucht, aber die Vergötterung, die Tante Jeanne ihm entgegenbringt, und diese offene Komplizenschaft mit unserer Mutter, verleihen ihm eine Aura von Überlegenheit, die ihn manchmal für mich unerreichbar macht.

Eines Tages stehe ich vor seinem Zimmer. Lächelnd und unterwürfig trete ich ein. Er spielt mit seiner elektrischen Eisenbahn. Ich liebe diese Eisenbahn. Er kaut Lakritze. Ich liebe Lakritze.

Ich schaue ihm zu und versuche, ihn für mich zu gewinnen:

»Gibst du mir ein kleines Stück Lakritze?«

»Nein«, antwortet er, kurz angebunden. Ich bettele. Er bietet mir an:

»Ich gebe dir ein Stück Lakritze im Austausch für deine Babypuppe«!

Ich zögere: meine wunderschöne Babypuppe gegen ein kleines Stück Lakritze?

»Drei Stücke!«

Mein Bruder ist einverstanden. Ich verkaufe mein Kind für drei Stück Lakritze!

Am selben Abend packt Jean die ganz Geschichte aus.

»Was für eine Schande!«, ruft Tante Jeanne mal wieder laut aus. »Deine Babypuppe für Lakritze hergeben? Was hast du eigentlich in deinem Kopf, mein armes Kind?«

»Musik!«

»Eigentlich«, regt die Tante an, »könnte das Kind doch vielleicht Klavierunterricht erhalten?«

»Wozu soll das denn später gut sein?« wendet mein Vater ein. »Und außerdem können wir uns das nicht leisten!«

»Ja, natürlich!« stimmt Tante Jeanne zu.

An einem anderen Tag spielen mein Bruder und ich im Hof. Ich habe einen Skarabäus gefunden, ihn in eine Schachtel mit frischem Gras gesperrt und rede mit ihm. Mein Bruder untersucht ihn und verkündet sodann, es handele sich um nichts anderes als um einen abscheulichen Mistkäfer. Er reißt mir meinen Schatz aus der Hand, und ich renne heulend hinter ihm her. So platzen wir ins Wohnzimmer hinein, und er stellt das Tierchen zur Schau.

»Das ist ekelerregend«, erklären meine Eltern und zertreten den Käfer.

In meinem Kopf lege ich den Finger an den Abzug und drücke ab. Nur ich allein kenne diese Stelle. Meine Augen sind zwei schwarze Steine. Ich gehe in mein Zimmer nach oben, schließe die Tür von innen ab und lasse mich aufs Bett fallen.

»Mach diese Tür auf!«

»Ihr habt meinen goldenen Skarabäus umgebracht!«

Und ich flüchte mich in das Innere meiner Trutzburg, geschützt durch meine Festungsmauern.

Der Tintenfisch ist ein Weichtier, das zu seinem Schutz eine schwarze Tinte verspritzt, die ihn vor Fischern und Raubtieren verbirgt. Wenn ich nichts mehr hören noch sehen wollte, legte ich in meinem Kopf den Finger an diesen geheimen Abzug, drückte ab und war auf der Stelle der Welt entrückt, mit bis unter das Kinn angezogenen Knien, unerreichbar im Schutz von Fallgattern und Mauern. So konnte ich einen ganzen Tag ausharren, ohne dass mich jemand aufzustören vermochte.

Ich habe immer mehr Angst vor meinem Vater. Er spürt es. Er weiß es.

Ich brauche meine Mutter so sehr, aber wie soll ich an sie herankommen, um mit ihr zu sprechen? Und was soll ich ihr sagen? Dass ich das Verhalten meines Vaters befremdlich finde? Ich schweige.

Eines Abends in Tarbes wird meine Welt zu einer Welt des Schreckens … Ich bin zehneinhalb Jahre alt.

Die Kinder verstummen, weil wir uns weigern, ihnen zu glauben.

Weil wir sie im Verdacht haben zu fabulieren.

Weil sie sich schämen und sich schuldig fühlen.

Weil sie Angst haben.

Weil sie glauben, dass sie mit ihrem furchtbaren Geheimnis allein sind auf der Welt.

Von diesen in der Kindheit erlittenen Demütigungen, diesen tosenden Strudeln, diesem Abstieg in die tiefsten Abgründe habe ich mich immer wieder erholt. Zugegeben, es hatte für mich schon einer unerhörten Freude am Leben bedurft, einer verdammten Lust, glücklich zu sein, und eines verdammten Willens, in den Armen eines Mannes das Glück zu finden, um mich eines Tages, lange Zeit später, von all dem befreit zu fühlen.

Während ich dies schreibe, steigen mir die Tränen in die Augen.

Was bedeuten diese Tränen?

Was soll's, ich mache weiter!

März 1942: Ein neuer Frühling hält Einzug und mein kleiner Bruder Claude wird geboren. Ich schiebe ihn in einem großen blauen Kinderwagen in der Rue des Carmes spazieren. Ich bin zuversichtlich!

Gefahr einer Razzia, über die meine Eltern informiert werden.

Denunzierung durch einen Nachbarn.

Rasche Abreise aus Tarbes.

Die Familie wird einmal mehr zerrissen: Mein kleiner Bruder Claude wird zur Schwester meiner Mutter in die unbesetzte Zone* geschickt. Meine Schwester Régine und ich finden Zuflucht bei einer Bauernfamilie in der Nähe von Chasseneuil**. Ein teures Versteck!

Der Bauernhof ist ansehnlich und zu ihm gehört eine große Herde Kühe. In den Ferien mag es lustig sein, die Kühe zu melken. Aber es ist weit weniger komisch und idyllisch, wenn ein kleines Mädchen morgens früh um fünf Uhr geweckt wird, um im Stall und auf dem Hühnerhof mitzuarbeiten. Es ist Schlafenszeit. Es ist kalt.

In einem großen eiskalten Bauernbett schlafen meine Schwester und ich eng aneinandergekuschelt. Nachts, wenn wir Hunger haben, stehle ich mich, ohne das geringste Geräusch zu verursachen, in die Speisekammer, wo ein riesiger schwarzer Kessel thront, aus dem ich Reste eines mit Backpflaumen gefüllten Kaninchens stibitze. Zitternd vor Angst, entdeckt zu werden, bringe ich meine Beute ins Zimmer zurück.

Einmal in der Woche fahre ich mit dem Fahrrad in ein entlegenes Dorf, in dem sich meine Eltern verstecken. Meine kleine Schwester lasse ich in Tränen aufgelöst zu-

* Nach dem Waffenstillstand vom 22. Juni 1940 wurde Frankreich in eine von den Deutschen besetzte, vornehmlich nördliche und eine unbesetzte, vornehmlich südliche Zone, die vom Vichy-Regime regiert wurde, geteilt.

** Kleiner Ort im damals besetzten Teil Frankreichs nahe der Demarkationslinie.

rück, denn sie fürchtet ständig, dass ich nicht zurückkehre.

Ich steige auf mein Fahrrad und mache mich auf den Weg. Alles, was vom Himmel ausgeht, versetzt mich in Furcht und Schrecken. So auch der Regenbogen, der, einer Brücke gleich, die Landstraße nach Angoulême überspannt, während ich an einem Regentag mein Fahrrad schiebe. Dieser Regenbogen – ich erinnere mich noch heute daran, wie sehr er mir Angst einjagte, wie er diese Straße überragte, die mir endlos erschien und anstieg und mir den für mich viel zu großen Drahtesel noch schwerer vorkommen ließ.

In den darauffolgenden Tagen tauchte dieses vielfarbige Monster immer vor dem Einschlafen vor mir auf, hielt mich in seinen Farbbögen gefangen und hinderte mich daran, an den anderen Hang zu gelangen, dorthin, wo die Straße zu dem Bauernhof führte, in dem meine Eltern auf mich warteten.

Seither habe ich selbstverständlich oft das Flugzeug genommen, aber dieses mächtige Haus, das sich ganz allein in der Luft hält, fasziniert mich. Da ich resistent gegenüber den von der Wissenschaft hervorgebrachten Darstellungen bin und jegliche Erklärungen ablehne, die geeignet wären, den Traum zu entmystifizieren, vermag ich mir den Zauber der Dinge unversehrt zu bewahren.

Ich erinnere mich nicht mehr genau, wie wir Chasseneuil verlassen haben. Ich weiß nur, dass wir in dieser Zeit bis 1945 viel herumgezogen sind.

Aus dieser Zeit habe ich mir den Geschmack am Reisen bewahrt, am Leben im Verborgenen, an heiklen Situationen, an Kartenspielen im Schutz der Hinterzimmer, Erinnerungen an überstürzte Aufbrüche, an das Hämmern an Türen »die Gestapo ist da«, an den Citroën 15 CV mit den gelben Felgen und – eine gewisse Neigung zur Provokation, zu einer Aggressivität, die aus der Angst geboren ist.

Auch heute noch schrecke ich hoch, wenn jemand an der Tür klopft oder klingelt, und es kommt vor, dass ich weglaufe, um mich zu verstecken.

Die Vögel zwitschern im Garten: Grünfinken, Kohlmeisen, der *Pleu-Pleu*, ein winziger Vogel, der den Regen ankündigt. Manchmal können diese Vögel einen ohrenbetäubenden Lärm veranstalten …

Ich erblicke die Trauerulme mit ihrem knorrigen Stamm. Jeder von uns sollte ein Stückchen Garten erben dürfen oder zumindest einen Baum. Dies erscheint mir als das einzig wahrhafte Erbe.

Wie spät ist es? Mein Gefühl für das Verstreichen der Zeit ist vollständig durcheinander: eine Sekunde, eine Stunde, ein Jahr; es ist fünfzig Jahre her, es war letzte Woche …

Ich habe Lust auf eine Tasse Ricoré. Seit dreißig Jahren trinke ich diesen Zichorienkaffee. Bei dem »Gitan« (Zigeuner), bei André Schlesser*, der Seele der *Ecluse* habe ich meine allererste Tasse getrunken, in der sechsten Etage der Rue Guisarde …

Aber kehren wir nach Chasseneuil zurück, das wir bald verlassen werden, um nach Grenoble zu ziehen. Der Aufenthalt dort ist nur von kurzer Dauer, meine Eltern suchen eine Schule für meinen Bruder. Ich werde auf dieselbe geschickt.

* André Schlesser (1914-1985), Sänger und Schauspieler, Mitbegründer und Leiter des Cabaret *L'Ecluse*, in dem Barbara ihre ersten Erfolge feierte.

So gelangen wir im Sommer 1943 nach Saint-Marcellin, in der Nähe des Vercors, einer Hochburg der Résistance.

Es war schwierig, unbemerkt zu bleiben, wenn wir in einem neuen Ort aufkreuzten. Unsere Eltern hielten uns an, nichts über unser Leben zu erzählen.

Nichts zu sagen, und das mit diesem anderen Aussehen und der Hochnäsigkeit, mit der ich natürlich immer sagte, dass ich Jüdin bin …

»Ja, na und …?«

Na und? Weder schämte ich mich, noch war ich besonders stolz darauf, Jüdin zu sein, aber in dem Blick der anderen meine Eigenartigkeit widergespiegelt zu bekommen, machte mich aggressiv.

Wie sehr fürchtete ich in jeder neuen Schule die Frage der Lehrerin vor der versammelten Klasse, die erwartungsvoll auf mich blickte, und die Fragen meiner Klassenkameraden in den Pausen:

»Und dein Vater, was macht der?«

Ich war gänzlich unfähig, die geringsten Angaben zum Beruf meines Vaters hervorzubringen. Also erfand ich für ihn eine Menge Berufe!

In dem Leben, das ich mir in meiner Phantasie ausmalte, gab es gleichfalls sonntägliche Spaziergänge mit meiner Mutter, lang andauernde Gespräche, Lachen, eine große Zärtlichkeit und gemeinsame Geheimnisse, wenngleich in Wirklichkeit der Austausch mit ihr in jener Zeit ausgesprochen schwierig war! Es gab auch noch einen großen Hund, schwarze Lackschuhe mit einem zierlichen Riemchen um den Knöchel herum, so wie sie die kleinen Mädchen aus den wohlhabenden Familien trugen und auf die ich so eine unbändige Lust hatte. Aber in meiner Phantasie gab es vor allem ein schwarzes Klavier.

Dieses Klavier werde ich erst viel später, mit neunundzwanzig Jahren, besitzen.

Die Riemchenschuhe hingegen sollten die Schuhe meiner Bühnenauftritte werden.

Der große Hund wird auf den Namen *Indien* hören. Es handelt sich um einen hellen Briard, ein Geschenk meiner Schwester Régine.

Aber im Moment wohnen wir noch in Saint-Marcellin. Ein hübscher Ort mit dieser breiten, langen Straße, auf der sich die gesamte Jugend trifft und herumschlendert, eine lange Lebensader, auf der ich vor und nach der Schule herauf- und herunterspazierte.

Ein hübscher Ort, Saint-Marcellin, am Sonntag, nach der Kirche, wenn wir uns bei Monsieur Rivol, dem Zuckerbäcker, an Kirschplätzchen sattessen dürfen.

Ziemlich bald lassen wir uns in einer Villa mit Garten nieder. Es ist der erste Garten, an den ich mich erinnere, mit riesigen fahlroten Dahlien.

Gegenüber der Stadt, auf der anderen Seite des Weges, liegt ein Hang. Inmitten dieses Hanges erhebt sich ein gewaltiger Nussbaum, weiter oben, auf der linken Seite, ranken Weinreben.

Aus dem benachbarten Kloster schwärmen junge Ordensschwestern aus, mähen das Getreide mit der Sense ab, sammeln die Ähren ein und beten anmutig zum Angelusgeläut. Danach stieben sie, einem Schwarm Spatzen gleich, auseinander, um in ihr Kloster zurückzukehren.

Mein Bruder und ich besuchen die Schule am Marktplatz. Die Schule langweilt mich, der Unterricht langweilt mich. An den Markttagen mache ich mich während der Pause davon. Ich bummele zwischen den Bonbonhändlern und dem Musikpavillon herum, und wenn es soweit ist, kehre ich nach Hause zurück auf dem mit Brombeersträuchern gesäumten Weg, voller schöner, wilder und leckerer Brombeeren. Ich kehre zurück und sammle noch mehr davon, um mir in einer Milchkanne aus Blech einen Vorrat anzulegen.

Seit einiger Zeit wird meine rechte Hand zunehmend ungeschickt. Zunächst ist da ein Schmerz, dann kommt eine Gefühllosigkeit hinzu. In der Handfläche taucht ein dicker werdender Knubbel auf. Ich werde das erste Mal operiert. Es ist dringend. Sechs weitere Operationen folgen: zuerst der Handteller in seiner ganzen Länge, dann andere Eingriffe, und als der kleine Finger betroffen ist, eine siebte Operation, die endlich zum Erfolg führt.

Das Bett schaukelt, die weißen Wände drehen sich um mich herum und schwanken, kommen auf mich zu und ziehen sich wieder zurück. Ich hebe meinen Arm hoch: ein gewaltiger Verband von der Hand bis zum Ellenbogen.

Die Wände befinden sich wieder an ihrem normalen Platz, meine Mutter lächelt.

»Der Herr Doktor Roussel hat deine Hand gerettet, aber was das Klavierspielen betrifft …«

In meinem Kopf, in meiner Phantasie, zerspringt die imaginäre Klaviertastatur!

»Ich werde also nur noch Sängerin sein können?«

»Ja«, antwortet meine Mutter. »Sängerin, das ist versprochen. Sobald du alt genug bist, erhältst du Gesangsunterricht.«

Diese Hand, dieser verkümmerte Finger, dessen Sehnen durchtrennt waren, sind der Gegenstand einer Krankengymnastik, die ich ganz allein durchführen werde. Ich will die Beweglichkeit meines Fingers wiedererlangen, ich will Klavier spielen. Lange Zeit hindurch spiele ich nur mit vier Fingern. Später ist dies der Punkt, der über die Position des Flügels auf der Bühne entscheidet. Die tiefen Töne auf der Seite des Publikums, gegen alle Gewohnheit und Logik …

Manchmal stellen unvorhersehbare Zwischenfälle die normalen Gewohnheiten auf den Kopf, und hinterher kommen sie uns wie selbstverständlich vor. Auf diese Weise kann sich zum Beispiel auch eine falsche Note als »schöpferisch« entpuppen und ihren Platz finden.

In Saint-Marcellin war es auch, wo einige von uns Kindern eines Abends im November ganz in der Nähe der bekannten Käserei, vor der Fabrik, ohnmächtig erlebten, wie ein junger Résistancekämpfer, der von den Bergen heruntergekommen ist, festgenommen wird. Er wird brutal zusammengeschlagen, abgeführt und – wie wir wenig später erfahren – von der Miliz erschossen.

Aus meiner Erinnerung taucht auf
Es taucht eine Geschichte auf
Es tauchen Bilder auf
Ein Dorf
Mein Dorf
Aus meiner Erinnerung taucht auf
Ich weiß nicht was
Einem Traum gleich
Diese Geschichte
Und mit einem Mal aus der Ferne
Dringt etwas hervor
Meine Kindheit
Meine Kindheit
Ich glaub' es war ein Sonntag
Ich glaub' es war im November
Egal

Ich erblicke jedenfalls die Fabrik wieder
Ja, die Fabrik
Nimmt Gestalt an
Steigt auf
Aus dem Bilderalbum
Ein bleierner schwarzer Himmel
Eine Angst
Und Schatten
Dringen hervor
Und schlagen dich
Und entführen dich
Im Takt
*Im Takt …**

August 1944: Die Befreiung von Paris gleicht einem Feuerwerk! Paris ist frei!

Was bedeutete das damals für mich? Die Reisen, die Fluchtwellen, das Hin- und Herziehen von 1939 bis 1945 haben mein Leben nicht mit Leid erfüllt. Der Hunger hat mich niemals wirklich gequält, ich war nie zu lange von meiner Mutter getrennt, wir haben nie den Judenstern tragen müssen, keiner von uns wurde deportiert. Meine Ängste und Schmerzen als Kind, waren die wirklich dem Krieg anzulasten?

Ich glaube, das Wort »Befreiung« bedeutete für mich, dass es nun vorbei war mit den Toten und den Gräueln des Krieges und dass wir uns endlich alle wiedersehen konnten. Es war wie ein riesiges Fest. Ich würde meine Granny wiedersehen. Wir würden endlich ein richtiges Haus bewohnen. Ich würde jüdisch sein können, ohne Angst haben zu müssen, ganz ungehindert.

* Auszug aus dem Chanson: *Il me revient.*

Wir bleiben noch einige Zeit in Saint-Marcellin, wo wir die Ankunft der Amerikaner miterleben. In der Zwischenzeit ist mein kleiner Bruder Claude zu uns gestoßen. Er ist zwei Jahre alt. Wie lustig es ist, einen kleinen Bruder wiederzusehen, der sprechen kann! Ich schiebe ihn in der Kinderkarre spazieren.

1945 ziehen wir aus Saint-Marcellin weg. Ich bin traurig und verspüre ein seltsames Gefühl. Zwar weiß ich, dass wir nach Paris zurückkehren, aber für mich ist es ein Aufbruch ins Ungewisse.

Als ich dreiundzwanzig Jahre später in meinem schönen grauen Mercedes Cabrio nach Saint-Marcellin zurückkehre, sitzt »Peter«* am Steuer. Marie Chaix** begleitet mich. Tiefbewegt gehe ich die breite Straße hinunter, überquere den Paradeplatz, der zu dem mit Brombeeren gesäumten Weg führt. Ich erblicke den Hang wieder, die Villa, die sich in Wahrheit nur als bescheidenes Haus entpuppt. Die fahlroten Dahlien sind immer noch da.

Ich hatte Unrecht, ich bin zurückgekommen
In diese in der Ferne verlorene Stadt
In der ich meine Kindheit verbracht habe
Ich hatte Unrecht, ich wollte ihn wiedersehen
Den Hang, über den abends
Blau und grau der Schatten des Schweigens glitt
Und ich habe ihn wiedergefunden wie einst
Lange Zeit später
Diesen Hang, auf dem sich der Baum erhebt
Wie einst
Mit glühenden Schläfen ging ich dort entlang

* Barbaras damaliger Chauffeur, der eigentlich Pierre Tomaso hieß.
** Französische Autorin, zwischen 1966 und 1970 war sie Barbaras Sekretärin. 1986 erschien ihre Biographie *Barbara*.

Glaubte unter meinen Schritten
Die Stimmen von früher zu ersticken
Die uns nicht loslassen
Und wieder auftauchen, um die Totenglocke zu läuten
Und ich habe mich unter den Baum gelegt
Und es waren dieselben Düfte
Und ich habe ihnen freien Lauf gelassen, meinen Tränen
Meinen Tränen

Meinen bloßen Rücken habe ich an die Rinde gelehnt
Der Baum hat mir wieder Kraft gegeben
Genau wie in meiner Kindheit
Und lange schloss ich die Augen
Ich glaube, ich habe ein wenig gebetet
Ich fand meine Unschuld wieder
Bevor der Abend sich niedersenkte
Wollte ich es wiedersehen
Das von Rosen umrankte Haus
Ich wollte ihn wiedersehen
Den Garten, dem unsere Kinderschreie
Entsprangen wie ein klarer Quell
Jean, Claude, Régine und dann Jean
Alles wurde wieder als sei es gestern gewesen
Der schwere Duft des roten Salbeis
Die fahlroten Dahlien in der Allee
Die Brunnen, alles habe ich wiedergefunden
Hélas

Der Krieg hatte uns dort stranden lassen
Andere hatten weniger Glück
Glaube ich
In ihren schönen Kindertagen
Der Krieg hatte uns dort stranden lassen

Wir lebten wie Vogelfreie
Ich mochte das, wenn ich daran zurückdenke
Oh meine Frühlingstage, oh meine Sonnen
Oh meine verlorenen übermütigen Jahre
Oh meine fünfzehn Jahre, oh meine wunderbaren Tage
Es tut weh, wieder zurück zu sein
Oh die frischen Septembernüsse
Und der Duft der zerquetschten Brombeeren
Es ist verrückt, alles habe ich wiedergefunden
Hélas

Man darf niemals zurückkehren
In die Zeit alter Erinnerungen
Aus der gesegneten Zeit der Kindheit
Denn unter allen Erinnerungen
Sind die aus der Kindheit die schlimmsten
Die aus der Kindheit zerreißen uns
Ihr meine so teure, oh meine Mutter
Wo seid Ihr nur heute
Ihr ruht in der warmen Erde
Und ich kam hierher
Um Euer Lachen wiederzufinden
Eure Wutausbrüche und Eure Jugend
Aber ich stehe hier mit meinem Kummer
Hélas

Warum nur kehrte ich zurück
Und allein an diesen Straßenecken stehend
Ist mir angst ist mir kalt
Der Abend sinkt hernieder
Warum nur kam ich wieder
Wo meine Vergangenheit mich kreuzigt
Sie schläft auf ewig meine Kindheit …[*]

[*] Chanson *Mon enfance.*

Von der Rückkehr im Oktober 1945: Keine Erinnerung.

Ich erinnere mich an nichts.

Weder wie wir Saint-Marcellin verlassen haben, noch, wie wir in Paris angekommen sind.

Granny erwartet uns in ihrer kleinen Wohnung in der Rue Marcadet. Wir fallen uns in die Arme und weinen vor Freude. Sie stellt nicht eine Frage. Sie hat einen Strudel und *Kirkles** gebacken. Ich zeige ihr meine Narbe, und erneut zerspringen Musiktöne und hämmern in meinem Kopf herum. Granny hört sie auch und legt mir ihre Hände auf das Gesicht. Mit ihren Fingerspitzen fängt sie die Verzweiflung auf, die langsam aus meinen Augen kullert.

»Granny, ich werde Sängerin.«

In Paris haben wir keine eigene Wohnung. Freunde meines Vaters stellen uns eine Unterkunft in der Rue Notre-Dame-de-Lorette zur Verfügung. Danach wohnen wir in Le Vésinet in der Familienpension »Zu den drei Kastanien«.

Ich bin gerade fünfzehn Jahre alt geworden, habe das Alter, in dem Gesangsunterricht erlaubt ist. Ich erinnere meine Eltern an ihr Versprechen. Sie sind noch immer einverstanden, kümmern sich aber um nichts. Die Initiative überlassen sie mir, denn sie sind überzeugt, dass es sich nur um eine vorübergehende Laune handelt, einen Spleen.

Ich bin also auf der Suche nach einem Gesangslehrer. In einer Nachbarstraße bleibe ich eines Tages wie angewurzelt vor einem Messingschild stehen. Darauf steht:

MADAME THOMAS-DUSSÉQUÉ
Gesangslehrerin

* Gemeint sind wohl »Küchlein«, ebenso wie der Strudel aus der österreichisch-zentraleuropäischen Küche stammend.

Schon in der Eingangshalle nehme ich Stimmübungen wahr: Tonleitern, laute rhythmische Gesangsfetzen. Ich erblicke Tänzerinnen, ein junges Mädchen singt im Gehen. Ich habe den Eindruck, mich in einem dieser musikalischen Filmkomödien, in denen Deanna Durbin* mitspielte, zu befinden. In einem anderen Raum sitzt eine große und schöne, rothaarige, etwas korpulente Frau, wie sie auf den Stichen aus der Zeit um 1900 herum zu sehen sind, am Klavier und spielt. Sie hat blaue Augen und einen vollen, mit zwei Schildpattnadeln verzierten Haarknoten. Es ist Madame Dusséqué.

»Guten Tag Madame, ich will singen. Was muss ich machen?«

»Sie müssen Stimmübungen machen, mein Fräulein.«

Ich rede sehr viel und ganz schnell. Ich erzähle von meinem großen Traum. Madame Dusséqué hört mir zu.

Ich werde Gesangsunterricht nehmen.

Zweimal pro Woche gehe ich gewissenhaft zu meinem Unterricht – zur Verblüffung meiner Eltern.

Niemals kommen sie zu einer Gesangsstunde, um mit mir meine Gefühle und mein Glück zu teilen. Ganz allein beginne ich das Leben einer Frau, die singt.

Madame Thomas-Dusséqué ist eine bemerkenswerte Frau. Sie ist eine hervorragende Pädagogin und nimmt gleichzeitig aufmerksam alles wahr, was ich nicht einmal ausspreche. Sie ist die erste Person, die mich anschaut und mir zuhört. Sie schenkt mir ihre Zuneigung und kümmert sich um mich. Dafür werde ich sie sehr liebgewinnen.

Zu Anfang glaube ich, ich würde sofort beginnen zu singen!

* Kanadische Schauspielerin und Sängerin der 1930er und 1940er Jahre. Während dieser Zeit war sie einer der beliebtesten Stars in Hollywood.

Ich bin enttäuscht, als sie mir erklärt, ich müsse zuerst Stimmübungen machen. Ein Jahr lang mache ich nichts als Vokalübungen, ich lerne zu atmen, die Stimme zu verstärken, zu erweitern, ihr mehr Spannkraft zu verleihen und sie entspannt einzusetzen.

Da Madame Dusséqué weiß, dass ich kein Klavier zur Verfügung habe und in der Pension keine Stimmübungen machen kann, bringt sie mir bei, mental zu arbeiten. Ich arbeite überall: tagsüber beim Gehen, nachts im Schlaf. Ich habe mir gerade eine Lernmethode angeeignet, die mir mein ganzes Leben lang nützlich sein wird. Ich habe gelernt, mir zuzuhören, zu verinnerlichen und mich mit großer Leichtigkeit zu isolieren.

Ich höre auf die leisen Stimmen, ich achte ganz genau auf die rote Lampe, die mein ganzes Leben über aufleuchten wird, um mich vor Gefahr zu bewahren, wenn ich mich in schwindelerregenden Höhen ganz oben auf den hohen Klippen versteige. Diese Stimmen schützen mich, hindern mich stets daran, auszurutschen und zu stürzen. Fast immer vernehme ich sie vor Entscheidungen, etwa wenn es um die Wahl meiner Auftrittsorte oder -termine geht. Sie bestätigen mich in meinen Entschlüssen, bei der Wahl der Menschen, aber sie lehren mich vor allem, Uneinigkeiten und Disharmonie aus dem Weg zu gehen, gebieten mir, mich wieder aufzuraffen oder mich meiner Müdigkeit hinzugeben …

Ich werde lange brauchen, bis ich mich darauf verstehe, meine Atmung zu kontrollieren. Der Atem ist gewissermaßen eine Luftsäule, die einen Tischtennisball hinauf- und hinunterbewegt, ohne dass er jemals den Boden berühren darf. Auf dieses Bild beziehe ich mich noch heute. Der Atem erlaubt es, den Ton anschwellen und gleiten zu lassen, ihn zu halten.

Im Laufe der Zeit werde ich auch noch entdecken, dass eine Stimme im Stehen in keinster Weise dieselbe ist wie eine im Sitzen oder Liegen.

Unsere Stimme ist magisch, ausgestattet mit einer reichen Palette unendlich vieler Töne, die es uns ermöglichen zu sprechen, Zwiesprache zu halten, zu singen, zu verzaubern, andere Töne nachzuahmen oder neue zu erschaffen. Für alle Menschen, die ihre Stimme beruflich benötigen, sind die Stimmbänder ein unschätzbares und äußerst empfindliches Instrument. Redner, Schauspieler, Rechtsanwälte, Künstler, Lehrer und Straßenhändler wissen ganz genau wie hervorragend sich die Stimme – unabhängig von den Worten, die sie überträgt – dazu eignet zu verführen oder zu überzeugen.

Der Zustand unserer »stimmigen« oder auch »unstimmigen« Stimmbänder, je nachdem in welcher physischen oder psychischen Lage wir uns befinden, verlangt also die größte Sorgfalt und Wachsamkeit. Jemand, der mit Angst, Kummer oder ähnlichen Gefühlen auf die Bühne tritt, kann momentweise den Klang seiner Stimme verlieren. Der Ausdruck »es hat mir die Sprache verschlagen« beschreibt vortrefflich dieses Phänomen.

Einer der zahlreichen Gründe, weshalb es mir mein Leben lang immer wichtig war, mich sehr frühzeitig in den Theatern einzufinden, in denen ich auftreten sollte, war, dass ich mich unbedingt vor allen von außen auf mich eindringenden Gefühlen schützen wollte. In der Tat schlägt sich jede Form von Müdigkeit oder jeglicher emotionale Schock auf die Psyche nieder und wirkt sich unmittelbar auf die Stimmbänder aus und schwächt sie.

Die Stimme ist ein Barometer von extremer Genauigkeit. Wie oft habe ich bei den einen oder anderen Freunden durch eine, wenn auch nur geringe, fast nicht wahrnehmbare Veränderung im Klang ihrer Stimme ihren physischen oder seelischen Zustand zu erahnen vermocht! Wir alle kennen den Klang von Stimmen, die uns unerträglich sind, mitunter sogar bis zum Abscheu. Und ebenso wissen wir aus unseliger Erinnerung um die Macht der Stimme gewisser Demagogen und Volksverhetzer, deren Tonfall wir immer noch im Ohr haben.

E. E.*, Phoniaterin, hat in Paris ein Stimmlabor eröffnet. Dies ist – meiner Kenntnis nach – bis zum heutigen Tag das einzige in Frankreich. Meine Stimmbänder auf dem Bildschirm zu entdecken war für mich eine wahre Offenbarung. Die Möglichkeit, sie einordnen und sehen zu können, war von unschätzbarem Wert. Seitdem hat es nicht eine Vorbereitung auf ein Konzert gegeben ohne die medizinische Betreuung meiner Stimme und ohne das aufmerksame und fachmännische Zuhören von E. E., der ich unglaublich viel verdanke.

Lange Zeit glaubte ich, unsere Stimmbänder seien wie Gitarrenseiten. Weder hatte ich eine genaue Vorstellung von der Stelle, wo sie sich befinden, noch wie sie beschaffen sind oder wie sie funktionieren.

Heute weiß ich dies alles und bin deshalb weitaus weniger ängstlich.

Etliche Male hatte ich den Eindruck, meine Stimme sei die einer »anderen«, aber dieses Phänomen stellte sich erst ein, als ich vor Publikum zu singen begann. Ich stelle übrigens fest, dass ich *Lily Passion* sagen lasse: »Es ist meine und es ist nicht meine Stimme.«

Die Stimme zeugt als allererstes von unseren Gefüh-

* Elizabeth Fresnel-Elbaz. Für ihr im Januar 1997 erschienenes Buch *La Voix* (Die Stimme) verfasste Barbara ein kurzes Vorwort unter dem Titel *Welche Bedeutung hat die Stimme für Sie?*, das sie in leicht abgeänderter Form in ihre Memoiren eingeflochten hat.

len, vom ersten Schrei bis zum letzten Atemzug, der ebenso ein Ton bleibt, bis zu diesem ganz besonderen Schweigen, das nach dem Tode herrscht.

Auch wenn der Ausdruck etwas hochtrabend ist, würde ich dennoch sagen: »In der Stimme erklingt die Seele.«

Bei Madame Dusséqué lerne ich andere Schüler kennen. Ich scheine die jüngste zu sein.

Zuweilen bin ich beim Unterricht der anderen dabei. Dies ist eine wirklich umwälzende Veränderung in meinem Leben. Die Stimmübungen beginnen mich zu begeistern. Die Lautmalereien werden für mich zu richtigen Worten. Die Lautmalereien sind lustig, melancholisch, angriffslustig, verführerisch.

Madame Dusséqué macht mich auf ein monatlich stattfindendes Vorsingen bei Professor Paulet am Pariser Konservatorium aufmerksam, bei dem sie selbst als Repetitorin mitwirkt.

So bin ich nun mit ihr unterwegs zu Professor Paulet. Eine stilvolle Wohnung, eine gedämpfte Atmosphäre. Der Meister hat stahlblaue Augen. Sie stellt mich ihm vor. Sie besprechen sich mit leiser Stimme, und dann ist es soweit, ich mache Stimmübungen bei einem Professor am Konservatorium in Paris!

Meister Paulet befragt mich über meine Zukunftspläne.

»Ich möchte in einer ›Mjusic Hall‹ singen!«

Er hört mir zu. Er lacht, ich lache.

Er entscheidet, dass ich endlich meine erste Melodie singen darf. Es ist: *Les Berceaux* von Gabriel Fauré.

Einmal pro Monat werde ich sie beide wiedersehen. Sie sind sehr aufmerksam, herzlich, leiten mich an, ohne mir etwas aufzuzwingen. Und dennoch werde ich sie enttäuschen, denn sie sahen für mich eine klassische Gesangskarriere vor.

Wir schreiben das Jahr 1946. Wir verlassen Le Vésinet, denn meine Eltern haben endlich eine Wohnung gefunden. Sie geben mir das Versprechen, dass ich meine Gesangsstunden fortsetzen darf.

Im 20. Arrondissement von Paris, nicht weit von der Porte de Montreuil und von dem Kino entfernt, aus dem das berühmte Studio Davout hervorgehen wird, nicht weit entfernt von der schönen Rue Sainte-Blaise und ihrer alten Kirche, befindet sich die Rue Vitruve … die Nummer 50 in der Rue Vitruve!

Rue Vitruve! Eine Festung! Ein Scheideweg, die letzte Wohnung, bevor unsere Familie zerbricht.

Es handelt sich um ein altes und bescheidenes Mietshaus von fünf Etagen, mit einem von weiteren Gebäuden umgebenen Innenhof. Wir wohnen im zweiten Stock. Die Wohnung ist ziemlich dunkel. Das Zimmer meiner Eltern geht auf die Rue Vitruve hinaus. Das Zimmer, das ich mit meiner kleinen Schwester Régine teile, geht zum Hof. Oft schauen wir aus dem Fenster hinaus und winken anderen Kindern zu, geben uns einander Zeichen. Aus diesem Hinterhof dringen Streitereien von anderen Mietern zu uns, Schreie von spielenden Kindern, Geheule; und im Sommer der Geruch der Mülltonnen. Im Hof hallt alles wider, er ist grau, kein Sonnenstrahl dringt herein.

Und lasst das Licht spielen
Hinten in einem von grauen Mauern umschlossenen Hof
*In dem die aufgehende Sonne endlich eine Chance hätte**

* Zeilen aus dem Chanson *Perlimpinpin* (Wunderpulver).

Jean und Claude teilen sich das Zimmer ganz hinten, es ist eisig.

Mein Bruder Jean geht weiterhin zur Schule. Ich habe mit der Erlaubnis meiner Eltern meine Schulzeit in Le Vésinet beendet, allerdings unter der Bedingung, dass ich mir Arbeit suche.

In diesem Jahr fahren wir in die Ferien, unsere ersten Ferien mit der Familie! Wir fahren ans Meer, in die Bretagne, nach Trégastel!

In meiner Erinnerung sind das echte Ferien, inmitten einer Schar von Freunden, manchmal sind wir bis Mitternacht zusammen. Während dieser Zeit verliebe ich mich in die Bretagne.

In Trégastel passieren Dinge, die alles andere als harmlos sind.

Eines Nachmittags reiße ich aus, um meinem Vater zu entgehen. Ich halte es nicht mehr aus. Ich laufe, ich laufe, ich laufe. Ich ringe mich durch, zur Gendarmerie zu gehen. Der Beamte hört mir aufmerksam zu, ich habe sogar den Eindruck, er glaubt mir. Aber er erklärt mir, dass ich nicht volljährig bin und zu meinen Eltern zurückkehren muss!

Mein Vater kommt, um mich abzuholen. Er deutet an, ich sei krank, eine »Geschichtenerzählerin«. Er bringt mich nach Hause zurück, ich hasse ihn. Mehrere Tage lang werde ich bestraft, aber ich fühle, dass meine Vorgehensweise ihn getroffen hat.

Unser Haus liegt am Rande einer Straße, auf der anderen Seite erheben sich hohe braune Felsen und goldene Ginsterbüsche.

Eines Nachmittags – ich bin allein zu Haus – vernehme

ich deutlich die Stimme meiner Granny. Es ist, als käme die Klage aus den Felsen.

Als meine Mutter kommt, teile ich ihr mit erschütterter Stimme mit, was ich gehört habe. Einige Stunden später erreicht uns ein Telegramm. Meine Mutter muss dringend nach Paris zurück. Granny ist entschlafen. Meine Granny hat uns verlassen.

Ich flehe meinen Vater an, mit meiner Mutter reisen zu dürfen. Er verweigert es mir. Ich drohe, ich brülle. Diese Heftigkeit macht ihm Angst.

Ich breche auf.

Rue Marcadet. Der Kummer nähert mich meiner Mutter wieder an. Wir begleiten Granny zum Friedhof von Bagneux, dann kehren wir nach Hause zurück in die Rue Vitruve.

Meine Granny habe ich so unendlich geliebt, dass es mir selbst heute noch schwerfällt, über sie zu sprechen. Es ist wie ein Stich mitten ins Herz. Als sie starb, war der Schock für mich so groß, dass ich mich zwei Jahre lang weigerte, ihren Tod zu akzeptieren. Sie erschien mir überall und ich war der Überzeugung, dass sie noch lebt.

Granny bäckt *Kirkles* …

Granny geht mit mir in den Jardin d'Acclimatation …

Meine Lieder spiele ich für Granny …

Granny schenkt mir eine kleine russische Puppe … eine Schachtel … eine Tasche ….

Granny duftet nach Reispuder …

Granny trägt Ohrringe aus Kristall …

Granny singt mir ein Schlaflied …

Sie erzählt mir Märchen vom Wolf …

Granny drückt mich in dem großen Bett an sich …

Granny bereitet Lammragout mit Mandeln und Obstbeignets vor …

Granny empfängt ihre Freundinnen. Grannys Freundinnen duften nach Tee, nach kandierten Orangen. Granny und ihre Freundinnen sprechen nur russisch. Ich sehe, wie sie überaus herzlich lachen. Sie gestikulieren viel. Sie sind ziemlich alt, aber anmutig anzuschauen mit ihren weißen, um den Kopf gewundenen Zöpfen und ihren leicht rosigen hohen Wangenknochen. Um den Hals tragen sie schwarze Samtbänder mit einem Schmuckstück in der Mitte, mitunter einem farbigen Edelstein, einer Gemme, einem weißen, mit einer Nadel an den Samt gesteckten Kopf. Eine dieser Frauen trägt sogar eine lange Goldkette mit matten Perlen.

Granny bringt mir einen Nusskuchen mit Sultaninen. Sie legt ein Stückchen Kuchen auf einen Teller neben sich. Der Blick all dieser Damen fällt auf mich. Ich mache schöne Augen, recke den Hals, falte mich auseinander und schreite dann würdevoll auf den Teller zu. Die Damen lachen, Granny schließt mich in ihre Arme. Ich lache mit meiner Granny.

Erst sehr spät, viele Jahre später, habe ich Grannys Tod verwunden.

Die gesamte Familie ist also wieder in die Rue Vitruve zurückgekehrt.

Das Leben geht weiter. Meine Mutter, vollkommen erschüttert, zieht sich in ihren Kummer zurück.

Madame Dusséqué unterrichtet fortan in einem Unterrichtsraum der *Salle Pleyel** in Paris. Aus diesem Grund wird manches für mich einfacher. Mein Vater mietet für mich sogar ein Klavier. Die Vorstellung, ich könnte

* Die *Salle Pleyel* war bis zur Eröffnung der Pariser Philharmonie im Jahre 2015 der einzige große symphonische Konzertsaal der Stadt.

Künstlerin werden, scheint ihm nicht unangenehm zu sein.

Ich hatte niemals Klavierunterricht erhalten, ich spielte nach Gehör. Von der musikalischen Elementarlehre hatte ich keine Ahnung, sie war mir zuwider.

Oft habe ich auf dem gemieteten Klavier nicht gespielt. Es war schwer, das Klavierspiel mit den Stimmübungen in Einklang zu bringen! Verzweiflung, Wut. Ich begriff doch sehr gut von selbst und schloss oft einfach wieder den Klavierdeckel.

Eines Nachmittags, meine Mutter und ich sind allein, da setzt sie sich plötzlich lächelnd ans Klavier und spielt mir Walzer von Chopin vor. Ich wusste nicht, dass meine Mutter Klavier spielen konnte. Ich habe geweint.

Mein Vater ist oft und immer länger abwesend.

Mein kleiner Bruder Claude und meine Schwester Régine gehen jetzt auch in die Schule.

Ich setze meine klassische Gesangsausbildung fort und werde am Konservatorium in der Klasse Maître Paulets als »Gasthörerin« aufgenommen. Diesen Status erhielt man, wenn man zwei von drei Prüfungen bestanden hatte.

Meine Aufnahmeprüfung bestritt ich mit *Les Visiteurs du soir* von Maurice Thiriet, *Le récit de la messagère de l'Orféo* von Monteverdi, *La Ronde* von Paul Fort und Jean Hubeau. Meine nicht sehr kräftige Stimme veranlasste eine der Damen aus der Jury zu der Bemerkung, man solle doch bitte nicht die Musikakademie in der Rue de Madrid mit der Theaterakademie verwechseln! Seit jenem Tag habe ich nicht aufgehört, Sänger mit großen und schönen Stimmen wie Régine Crespin, Gabriel Bacquier, Michel Sénéchal und andere um ihr »hohes A« und »hohes C« zu beneiden.

Ich habe mir Fauré, Schumann und Debussy erarbeitet, die anderen aber hörte ich Wagner, Rossini, Berlioz und Mozart interpretieren, alles Werke, die ich niemals singen konnte.

Madame Dusséqué nahm mich zum ersten Mal mit in die Oper, in die komische Oper und in Konzerte. Was ich dort hörte und sah, erfüllte mich mit wunderbaren Klängen und herrlichen Bildern. Indes leuchtete in meinem Kopf eine kleine rote Lampe auf und warnte mich, dass ich mich nicht auf dem richtigen Weg befand.

Ich träumte von anderem, vom Zirkus, in den meine Cousine Maroussia und ihr Mann Grischa mich als Kind oft mitgenommen hatten. Dort hatte es mir gefallen, die Akrobaten, die Kunstreiterinnen, der Geruch der Sägespäne, die Lichteffekte, die metallenen Beckenschläge, die Clowns!
Ich dachte an den Klang von Musikkapellen, an Stepptänzer, Federn, Strass, an Tanzfeste.

Das war es, was mich anzog!

Eines Tages habe ich Edith Piaf gehört. Sie sang auf den Boulevards, am *Théâtre de l'ABC*. Ich erinnere mich, wie ich an meinem Platz förmlich festgenagelt blieb. Ihre Stimme brachte mich zum Weinen; nicht nur die Augen tränten, sondern auch das Herz.

Alsdann entdeckte ich mit Leidenschaft das Chanson: Marie Dubas, Fréhel, Marianne Oswald, Esther Lekain, Charles Trenet, Mayol, la Miss, Zarah Leander, Mireille* … Mireille, das war einfach wunderbar, diese herbe, genaue und durchdringende Stimme, diese hinreißende Weise, mit der sie sich am Klavier begleitete …

* Mireille Hartuch 1906-1996, berühmte Sängerin vor und nach dem Zweiten Weltkrieg, ebenfalls Gründerin einer Gesangschule.

Ich hörte mir alles an, verschlang die Worte und die Melodien aus der alten Musikbox in der Rue Vitruve, aus der man für eine Münze eine Viertelstunde Musik hören konnte.

In jener Zeit sang man noch, trällerte ein Lied auf der Straße, überall. Man pfiff eine Melodie, es war fröhlich. Es ist lange her, dass ich einen Bauarbeiter ein Liedchen habe pfeifen hören. Zugegeben, die Gerüste wachsen in den Himmel, und das Pfeifen wird vielleicht durch die Geräusche der Stadt überdeckt.

Wie war es doch so schön, die Straßensänger mit ihren Flüstertüten! Die Leute drumherum stimmten im Chor mit ein, die alten Lederportemonnaies öffneten sich, um die mit den Konterfeis der damaligen Stars verzierten Notenblätter zu erstehen.

In jener Zeit bewegte man sich, tanzte, hüpfte umher, schaukelte, war bezaubert, deklamierte lauthals, sogar Krankenhäuser wurden in schreienden Farben angemalt, die Lieder erzählten von der mütterlichen Liebe, dem warmen Körper eines Mannes, den sonntäglichen Rosen, den Hüften der Mädchen, den Männern mit ihren Koteletten oder ihren Zylinderhüten, ihren mit Gamaschen überzogenen Lackschuhen, da wurde lebhaft über Politik gestritten und die Zeitungen und Magazine wurden lauthals zu jeder Tageszeit unter freiem Himmel angepriesen.

Damals sangen die Frauen noch im Waschhaus, in den Werkstätten, während des abendlichen Beisammenseins. Heute betreibt man Karaoke vor seinem Fernseher, was vielleicht auch eine Art ist, sich der alten Form des abendlichen Beisammenseins wieder anzunähern, allerdings ohne Kaminfeuer, ohne wahrhaftes Miteinander, mit Lärm.

Das Chanson gehört zum Alltag eines jeden. Das ist sein Sinn, seine Stärke. Es ist sozial, satirisch, revolutionär, anarchistisch, fröhlich, nostalgisch ... es führt jeden von uns zu seinen Wurzeln zurück: *Les feuilles mortes, Parlez-moi d'amour* ...

Das Wort existierte damals noch nicht, aber die Interpreten besaßen ihren ganz eigenen *Look*. Mayol mit seinem Toupet, die Goulue, die so großartig von Toulouse-Lautrec verewigt wurde. Fragson, Yvonne George, Jane Avril. Valentin le Désossé, der Schlangenmann, ganz in Schwarz, der seine unglaubliche Gelenkigkeit zur Schau stellte. Die Guilbert mit ihren langen schwarzen Handschuhen. Marianne Oswald, die Rothaarige, die »Rocksängerin« und so viele andere mehr! Sie waren zweifellos »beseelt« von dem, was sie taten, und würden heute so manchem in Sachen Nonkonformismus eine Lehre erteilen.

Aber auch wenn ihr *Look* außergewöhnlich gut ankam, es waren nicht die schwarzen Handschuhe, die eine Yvette Guilbert ausmachten, es waren die beißende Phrasierung und die ungeheure Intelligenz ihrer Stimme.

Jede Sängerin hat ihre Phrasierung. Ein *Look*, das ist schön und gut, aber doch nur ein Bild, das man mag oder nicht. Wohingegen die Atmung, der Akzent, die Prägung der Stimme einer Künstlerin unnachahmlich sind. Der wahre Unterschied.

Heutzutage wird Musik eher angehört als gesungen. Weil sie weniger melodisch ist? Weil wir uns, von der Außenwelt abgekapselt, mit dem Walkman in den Ohren, zurückziehen?

Es ist wahr, der Lärm der Städte ist so dröhnend und misstönend geworden, dass wir gezwungen sind, Musik immer lauter zu hören und auch immer lauter zu sprechen. Diese Musik und diese Worte, die uns ursprünglich einander näherbringen sollten, entfernen uns mehr denn je voneinander.

Apropos *Look*: Schon als Kind war ich lang und mager. Dann, im Alter von zehn Jahren, wurde ich rundlich, mit zwanzig regelrecht dick, als müsse ich mich nach so vielen erlittenen Kränkungen polstern und gegen künftige schützen. Kummer macht nicht satt, sondern dick. Mit fünfundzwanzig lehrte mich die Bühne, dass ich einen Körper habe, dem ich zuhören und den ich beobachten muss. Allmählich nahm ich wieder Form an. Die Bühne verleitet mich, meine dünnen Beine und langen Arme, den Hals und die Hände zu inszenieren. Mein Körper diktiert mir, was ich zu tun habe, ich höre auf ihn und folge ihm.

Genauso verfahre ich auf der Bühne mit meiner Hässlichkeit. Zu Beginn ertrug ich dieses Äußere, das ich im Blick der anderen als »störend« wahrnahm, nicht. Erst nach und nach lernte ich, es zu akzeptieren. Ich begann, dieses lebende Material, das mir gegeben war, wie ein Bildhauer zu bearbeiten, zu modellieren. Habe ich so diese Frau gestaltet, die ich sein wollte, oder ist diese Metamorphose der Bühne selbst geschuldet, die mich langsam, aber sicher dem annäherte, was mein Äußeres geworden ist? Es ist wohl selten, dass die Menschen das lieben, was ihnen ihr Spiegel zeigt, und noch seltener sind diejenigen, die beim Anhören ihrer Stimme nicht aufspringen: »Das bin ich, das ist meine Stimme, *das da*?«

Die Dinge nehmen schrittweise Form an, und von dem Moment an, an dem wir uns in unserem Körper wohlfühlen, verinnerlichen wir unser Bild, können es tatsächlich akzeptieren und im Gedächtnis abspeichern.

Vielleicht können wir deshalb unser Altern so schwer hinnehmen, denn plötzlich ist es die Zeit und nur sie allein, die sich zum »großen Bestimmer« erhebt. Sie wird dieses Bild immer schneller trüben, entstellen, bis zum Ende.

Nun ja, vielleicht, ich weiß nicht … Ich verstehe nicht wirklich, was ich da soeben in Worte gefasst habe, selbst wenn es das ist, was ich ganz deutlich spüre.

Schlagartig wurde mir also klar, dass ich mich durch den Unterricht im Konservatorium nicht auf meinem richtigen Weg befand.

Ich wollte die Worte und die Musik der anderen singen. Allein vor meinem Klavier wollte ich sprechen, murmeln, erzählen, Zwiegespräche führen, wütend sein, anprangern, »gewalttätig« und humorvoll sein, mit einem Wort: endlich von der Liebe singen!

Ich habe mich mit Madame Dusséqué und Maître Paulet ausgesprochen. Sicherlich sahen ihre Träume für mich ganz anderes vor, aber sie verstanden mich. Stets hatten sie mir die Freiheit gelassen, zu entscheiden, was ich wollte und was ich nicht wollte. Ich verdanke ihnen viel.

Niemals mehr kehrte ich zum Unterricht zurück. Das war nicht mehr meine Angelegenheit, nicht mehr meine Geschichte. Es war nicht das, was ich wollte. Ich wollte »Mjusic Hall«!

Wir schreiben den Beginn des Jahres 1948. Vorsingen am *Théâtre Mogador**. Es werden schauspielernde Choristen für die Operette *Violettes impériales* nach dem Libretto von Albert Willemetz und der Musik von Vincent Scotto gesucht. Die beiden Hauptdarsteller sind Marcel Merkès

* Das *Théâtre Mogador* existiert seit 1919 in Paris und fasst 1600 Plätze In den 1920er Jahren traten dort vorwiegend Russische Ballette auf, danach wurden dort Operetten, Revuen, Komödien und Musicals gezeigt.

und Lina Wals. Von der Letztgenannten wird man nie wieder hören. Marcel Merkès jedoch wird zum Bariton-Star und lange mit seiner Frau Paulette Merval im *Mogador* singen.

Ich begebe mich zum Vorsingen. Hinter den Kulissen herrscht ein lautes Stimmengewirr zwanzig- bis höchstens fünfundzwanzigjähriger junger Frauen. Die einen stricken, während die andern schwatzend darauf warten, an der Reihe zu sein. Keinerlei Angst, eine fast familiäre Atmosphäre liegt in der Luft.

An jenem Tag lässt Henri Varna Männer und Frauen für den Chor vom *Mogador* und auch für das *Casino de Paris,* dem er ebenfalls als Direktor vorsteht, vorsingen.

Ich singe das erste Mal auf einer Bühne in einem Theater.

Ich bin eine »Künstlerin« mit langen Haaren, trage ein nattierblaues Kleid, besitze eine klassische Stimmausbildung und bin 18 Jahre alt.

»Was singen Sie uns vor?«

Ich kündige mein Lied an und artikuliere gut vernehmlich:

»*In questa tomba oscura,* Musik Ludwig van Beethoven, Text von …«

Keine Reaktion.

Immerhin, Beethoven!

Die Pianistin spielt die ersten Akkorde. Nun bin ich dran, ich werde singen.

In questa tomba oscura
Lachiami riposar
Quando vivevo ingrata …

Augenblicklich werde ich unterbrochen. Nur schlecht höre ich die Stimme, die zu mir spricht und von unten aus dem Saal hochdringt. Ich bitte um Wiederholung, während ich mich hinunterbeuge und mit den Händen über den Augen in den Saal spähe.

»Das reicht. Könnten Sie bitte mit hochgehobenem Kleid ein paar Schritte gehen?«

»Aber, Monsieur!«

Ich lege erneut die Hände über die Augen.

»Ja, ja, die Stimme, das ist gut, aber wir wollen Sie gehen sehen, wir wollen auch Ihre Beine sehen. Gehen Sie, gehen Sie!«

Einen Monat lang hatte ich dieses Lied für das Vorsingen einstudiert!

Ich ging ein paar Schritte und hob dabei mein blaues Kleid an, kehrte alsdann hinter die Kulissen zu den anderen Bewerberinnen zurück, um mit klopfendem Herzen auf die Ergebnisse zu warten.

Wie beim Abitur, mit dem Unterschied, dass ich das Abitur nie gemacht habe, einen anderen Schulabschluss übrigens auch nicht!

Von den fünfunddreißig Bewerberinnen bin ich die einzige, die angenommen wird, und kann bereits ab der folgenden Woche beginnen. Der Aufnahmeleiter, der aussieht wie ein Wasserspeier, erklärt mir, dass ich eine für den vorderen Teil der Bühne etwas »zu alt gewordene« Choristin ersetzen werde. Ich verstehe nicht so recht, was das bedeuten soll, unterzeichne aber meinen ersten Vertrag: dreizehntausend Franc im Monat dafür, dass jeden Abend gespielt wird, außer montags, mit Ausnahme des ersten Montags im Monat, denn dies ist der Tag der Händler! Samstags und sonntags sind zwei Matineen und eine Abendaufführung vorgesehen, aber die Matineen werden nicht bezahlt. Aha! Ich finde das empörend, diskutiere aber nicht, sondern unterschreibe.

Der Wasserspeier gibt mir eine Karte für die Vorstellung am selben Abend, damit ich mir anschaue und gut behalte, was ich zu tun habe.

Acht Tage später gebe ich mein Debüt. Wie ist das schwer, sich zum ersten Mal in einer Garderobe umzuziehen mit vierundzwanzig anderen halbnackten Mädchen, die einen alle mustern.

Da stehe ich, ohne geprobt zu haben, auf der Bühne, mit meiner Perücke, in meinem Reifrock, mit meinen schlecht angeklebten falschen Wimpern, die mir in die Augen pieksen.

Zum Bühnenbild der *Violettes impériales* gehört in einer der Szenen eine sich drehende Plattform. Aus Solidarität mit ihrer in die hinteren Ränge verbannten Kameradin hat mich keines der Mädchen davor gewarnt, so dass mein Schuh sich in der Schiene verklemmt. Als ich ihn herauszuziehen versuche, stoße ich gegen eine große Bühnenwand, die eine Kirche darstellt, bringe sie ins Wanken.

Ich hüte mich, mich zu beklagen, als wir in die Loge zurückgehen; habe ich doch begriffen, dass ich unter Quarantäne stehe …

Einige Tage später bin ich von meinen Kameradinnen, die mir den Spitznamen »Bambi« verliehen haben, endgültig angenommen. Von allen bin ich die jüngste, und ich lache gern. Schnell haben sie mich unter ihre Fittiche genommen und mir beigebracht, mich zu schminken, meine Perücke zu kämmen, abends die falschen Wimpern so auf ein Streichholz aufzurollen, dass sie am nächsten Tag wieder ordentlich gebogen sind.

Zwischen den jeweiligen Bühnenbildern hakte uns Madame Blanche, die Garderobiere, die verschiedenen

Kleider prestissimo auf und wieder zu. Die Garderoben befanden sich im zweiten Stock. Im Eiltempo stiegen wir die engen Treppen hoch und hoben dabei unsere schweren Röcke mit der Krinoline an. Wir waren jeweils zwölf Sängerinnen und Tänzerinnen und teilten uns eine große gemeinsame Garderobe. Alle saßen vor ihren Schminktischen. Die Menge der die Spiegel umrahmenden Glühbirnen verlieh der Garderobe etwas Weihnachtliches, und jeden Abend war es wie ein großer bunter Trödelmarkt. All diese Farben, die Seide, der Taft, der Satin, die Spitzen, der Schmuck, die Perücken, die Mieder, der Flitterkram des French Cancan, dieser Duft des Reispulvers – der mich an den in Grannys Handtasche erinnerte – sowie des Klebers für die falschen Wimpern … Wie unglaublich hat mir das alles gefallen! Wie sehr habe ich das geliebt! Wie war das warmherzig und voller Leben!

Zu jener Zeit war die berufliche Situation der Choristen, Mannequins und Tänzerinnen äußerst schlecht. Meine Kameradinnen brachten mir bei, wie ich die Monatsenden aufbessern konnte, wenn ich das wollte. Einer der Bühnenarbeiter spielte den Vermittler und fand für uns in mehr oder minder anrüchigem Milieu »Kunden«, manchmal gar sehr spezielle, unter diesen Herren der Hautevolee. Ich erinnere mich an einen Herrn, der – so wurde erzählt – ungeheuer viel zahlte, wenn man sich in einem Raum neben seinem Büro in einen Sarg einschließen ließ. Diese Marotten interessierten mich überhaupt nicht, aber es gefiel mir ungemein, zu den Eingeweihten zu zählen und somit solche Angebote zu erhalten.

Jeden Abend nach der Vorstellung fuhr ich mit der Metro nach Hause. An der Haltestelle Maraîchers stieg ich aus, ging ein großes Stück die Rue des Pyrénées entlang, bis ich außer Atem im zweiten Stock der Nummer 50 der

Rue Vitruve ankam, wo meine besorgte Mutter immer auf mich wartete, bevor sie einschlafen konnte. Wie angenehm es war, in die Rue Vitruve heimzukehren!

Im *Mogador* bin ich einige Monate geblieben. Aber eines schönen Tages beschloss ich, dass es reichte. Ich erhielt einen Brief, in dem man mir drohte, mich vor dem Arbeitsgericht zu verklagen. Allerdings wagte man es trotz allem nicht, mir für diese jämmerlichen dreizehntausend alten Franc* im Monat Ärger zu machen.

Also brach ich auf. Mit derselben Leidenschaft, mit der ich immer sang, war ich auch Chorsängerin gewesen. An die *Violettes impériales* erinnere ich mich noch heute, und falls Sie es wünschen sollten, könnte ich sämtliche Rollen interpretieren.

1989 werde ich ins *Mogador* zurückkehren, freilich nicht in demselben Kostüm. Ich muss nicht mehr, vier Treppenstufen auf einmal nehmend, die zwei Etagen in die gemeinsame Garderobe hochhetzen und ein schweres Krinolinenkleid mitschleppen. Meine persönliche Garderobe befindet sich neben der Bühne. Ich habe *mein* Licht, *meinen* Ton, *meinen* Flügel. Und *mein* wunderbares Publikum, das nach der Vorstellung in der Rue Caumartin wie ein liebevoller Schwarm um mein Auto kreist.

Zu jener Zeit hatte sich die Beziehung zwischen meinen Eltern bereits erheblich verschlechtert. Meine Mutter durchlebte schwierige Momente, ohne sich jemals zu beklagen. Mein Vater hat die Rue Vitruve letztlich verlassen

* 1958 erfolgte in Frankreich eine Währungsumstellung, nach der aus 100 alten Francs ein neuer Franc wurde. Das Rechnen in alten Francs lebte in einigen Bereichen bis fast zur Jahrtausendwende fort.

und ist nie zurückgekehrt. Das Leben wurde weniger bedrückend.

Nachdem er gegangen war, konnte ich die monatlichen Raten für das gemietete Klavier nicht mehr begleichen. Ich entsinne mich, eines Mittwochs, Schlag vierzehn Uhr, kamen drei Riesen, um es mir wegzunehmen. Es war wie eine Amputation, ich hätte gewollt, dass mir jemand hilft … Ich erinnere mich an den stechenden Schmerz in der Nierengegend. Bei jeder tiefgreifenden Veränderung in meinem Leben wird er wieder aufflammen.

Verzweifelt, durchdrungen von einem ungewöhnlich heftigen Revoltegefühl, habe ich der Rue Vitruve noch am selben Tag den Rücken gekehrt. Ich war noch nicht einmal ganz achtzehn Jahre alt.

Am Ende der Straße, Place Saint-Blaise, besaß eine meiner Freundinnen einen kleinen Tabakladen. Sie wusste, dass ich singen wollte, und kannte meine Verstörtheit. Mit ihrem kleinen Lockenkopf war sie niedlich anzuschauen, sie hatte selbst gelitten und verstand es zuzuhören. Ihr konnte ich mich anvertrauen.

»Jetzt ist es soweit«, sagte ich zu ihr, »ich gehe von zuhause fort, aber ich habe nicht einen Sou.«

Sie nahm dreihundert Franc aus ihrer Kasse und reichte sie mir. Für mich ein Vermögen.

Wir haben zusammen geweint.

Diese großzügige kleine Frau ist seit langem verstorben. Ich verdanke ihr viel. Auf jeden Fall schulde ich ihr dreihundert Franc, die ich ihr niemals zurückgeben konnte!

An jenem Tag begann mein Leben einer Reisenden, mein langer Weg.

Mit dem Zug fuhr ich nach Brüssel, um einen weit entfernten Cousin zu besuchen, der mir einmal bei seiner

Durchreise in der Rue Vitruve seine belgische Adresse hinterlassen hatte. Er leitete ein Balalaika-Orchester und wusste, dass ich singen wollte.

Drei Monate lang gewährte er mir Unterkunft. Während er für mich Arbeit suchte, putzte ich bei ihm und führte seinen Haushalt, in dem ein Kommen und Gehen war. Leute, die mir überhaupt nicht behagten. Er gab mir ein bisschen Geld. Ich wartete. Ich hoffte.

Eines Abends habe ich seinem Orchester zugehört. Seine Musiker trugen sehr weite Hemden aus rotem Satin, mit weiten, am Handgelenk eng abschließenden Ärmeln. Dazu schwarze Stiefel. Er trug Pomade im Haar, ein Hemd aus violettem Satin und rote Stiefel. Das war der Chef! Dieser Abend hat wahrhaft keine blendende Erinnerung in mir hinterlassen! Einige Tage später vertraute er mir an, dass Balalaikaspielen die künstlerische Seite seines Lebens sei. Die andere Seite bestünde weniger aus musikalischen als aus weitaus lukrativeren Tätigkeiten.

Nach und nach wurde er bösartig, brutal.

Eines Nachmittags nutzte ich seine Abwesenheit aus und floh mit dem bisschen Geld, was ich besaß.

Für einige Tage versteckte ich mich, denn ich hatte Angst, er würde nach mir suchen lassen. Mein Leben lang habe ich vor allem, was Uniform trägt, Angst gehabt. Und vielleicht noch größere Angst vor denen, die dieselben Tätigkeiten ausüben, aber keine tragen.

Doch es war unnötig, mir Sorgen zu machen. Sascha Piroutsky gehörte nicht zu den Menschen, die ängstlich sind! Niemals hat er versucht, zu erfahren, was aus mir geworden ist.

In Brüssel kannte ich niemanden. Ich habe herumgehangen, mich herumgetrieben. Ich bin gelaufen, viel gelaufen. All diese Episoden, die aus Ausreißen, Exodus, Flucht bestanden, habe ich durch Laufen überstanden, wie um weiter voranzukommen und immer noch weiterzugehen …

Manches Mal habe ich Aussteiger so wie mich getroffen, die mir einen Kaffee spendierten oder sogar ein »Pistolet«, so ein kleines mit Salat, Fritten und Senf belegtes Brot. Wir redeten, anschließend ging jeder wieder seines Weges.

Die Stadt erschien mir feindselig. Heute mag das komisch wirken, aber damals gab es weder den TGV noch eine Autobahn. Die Flucht, der Kummer, das Elend, die Einsamkeit vergrößerten die Entfernungen noch mehr. Ich begann, mir Brüssel zu erlaufen, seine Plätze, seine Bahnhöfe, seine Gässchen, seine Tore, den Geruch der Fritten, die kleinen Auslagen der fliegenden Händler.

Eines Tages – ich befinde mich auf der Place du Nord – habe ich Lust auf ein richtiges Bett, auf ein Bad. Ohne nachzudenken betrete ich ein Hotel, ein großes luxuriöses Hotel.

Ich besaß kein Gepäck, nichts! Ich trat ein, bekleidet mit meinem alten grauen Mantel. Während der vorangegangenen Tage war meine Brille kaputt gegangen und mein rechtes Auge durch das gesprungene Glas von einem Hämatom gezeichnet!

Aber ich hatte vor nichts mehr Angst. Ich wäre durch die Wand gegangen, besessen von meinem Wunsch, meiner Gewissheit, eines Tages zu singen.

Ich gehe also durch die Drehtür des Hotels und halte direkt auf den Portier zu. Ich erzähle ihm meine Geschichte, schmücke sie ein wenig romantisch aus. Er fragt mich weiter aus, bittet mich zu warten, kommt dann wieder mit einem strahlenden Lächeln. Ich hatte nicht gewusst, dass es in den Palästen schon immer »Luxusdamen«, sogenannte »Diwan-Frauen«, gab, denen die Aufgabe zukam, Geschäftsmänner oder andere sich auf der Durchreise befindliche Notabeln zu entspannen. Der Portier schlägt vor, mir Geld zu leihen, damit ich mich kleiden, mein Auge »reparieren« kann, mich alsdann in einem ausgesprochen schönen Zimmer unterzubringen und – mein Gott, da ich nicht gerade dumm aussehe …

»Vielen Dank, aber das ist nicht mein Ding.« Lieber ein kleines Zimmer, das ich später bezahlen kann, und ich verspreche, es wirklich rasch zurückzuzahlen.

An jenem Abend schlafe ich in einem Bett, nachdem ich mich mit Vergnügen in einem wohltuenden Bad entspannen konnte. Vielen Dank, Monsieur Türsteher. In meinen Augen ist das Zimmer ein Palast.

Nachts sehe ich durch das Fenster auf der anderen Seite an einem Hochhaus eine Neonreklame für das Bier der Marke Ekla an- und ausgehen: Ekla … Ekla …, wie der Giebel eines Theaters.

Tagsüber suche ich in einer Stadt, in der ich nichts und niemanden kenne, nach Arbeit. Ich bräuchte eine Arbeitserlaubnis, es gelingt mir aber nicht, eine zu erhalten. Der Portier nennt mir verschiedene Adressen, wo Serviererinnen gesucht werden. Vergeblich. Ich fühle mich allein, am Ende der Welt. Ich fange an, mich elend zu fühlen. Ich bestelle Essen, Kaffees, die ich mir in mein Zimmer hochbringen lasse. Ich unterschreibe immer länger werdende Rechnungen. Am Ende des Monats macht sich ordnungsgemäß die Leitung des Hotels bemerkbar. Der Portier unterbreitet mir noch einmal sein »äußerst nettes Angebot«. Man beginnt mir meine Bestellungen zu verweigern, dann die Kaffees. Ich habe Hunger.

Eines Abends gehe ich auf die Straße hinunter, um

mich zu prostituieren. Dies ist nicht das Unglück schlechthin, nicht das große Unglück, aber es ist ein riesiger Kummer.

Für Geld, um essen oder ein Kind großziehen zu können, aus Liebe zu einem »Kerl«, um seinen »Stoff« zu finanzieren, selten aus Sittenlosigkeit, auf diese Weise fängt es an.

Diesen Beruf, den hätte ich gern wie ein heiliges Amt ausgeübt, eine wahrhaftige Selbstaufopferung. Liebe schenken. Ich habe es geschrieben: *Ich bin eine kleine Liebesschwester, hoppla*[*]*!* … Eine kleine Liebesschwester sein, singen, Nonne werden, all das ist gehopst wie gesprungen. Abgesehen davon, dass das Singen, ins Rampenlicht auf die Bühne zu treten, bekleidet mit seinem Bühnenkostüm, von großem Egozentrismus zeugt und von einer hübschen Portion Frivolität.

Es ist wahr: Es ist immer wunderbar, wenn man mit dem, was man liebt, seinen Lebensunterhalt bestreiten kann. Lange Zeit hindurch hat es mir nicht gefallen, mein Leben mit Singen zu verdienen. Singen bedeutete für mich, meiner Bestimmung zu folgen, etwas als heilig verehren. Später habe ich es besser verstanden.

Kurzum, ich befinde mich auf dem Boulevard Anspach.

Ich habe Angst. Ich gehe weiter.

Ich gehe weiter. Ich habe Angst.

Ich habe Angst, aber ich gehe dennoch weiter, singt Lily Passion 1986.

Es regnet. Ich habe Hunger. Ich gehe weiter.

Das kann nicht sein, das bin nicht ich, die da an jenem Abend auf dem Boulevard Anspach langgeht!

* Zitat aus dem Chanson *Hop-là* (1970).

Mir ist schwindelig. Ich gehe, aber was um alles in der Welt treibe ich da?

Ich denke an Madame Dusséqué. An die Rue Vitruve, wo ich nie von mir habe hören lassen.

Haben sie mich gesucht, suchen lassen?

Ich gelange in eine Querstraße, in der die Mädchen arbeiten. Ich gehe ganz nah an ihnen vorbei. Sie sind schön, sie riechen gut.

Mit meiner »einäugigen« Brille, in meinem alten grauen Mantel, falle ich den Mädchen schnell auf. Sie sprechen mich lachend an. Ich habe Hunger. Ich gehe weiter, ich schäme mich. Ich biege ab, aber ich fühle, dass ich verfolgt werde. Ich gehe schneller. Hinter mir beschleunigt man ebenfalls. Man spricht mit mir. Ich drehe mich um, ich schaue, ich stoße laut Beleidigungen aus. Man braucht Mut, um sich zu prostituieren, diesen Mut besitze ich nicht. Ich weiß nicht mehr, was ich schreie. Der Mann, vollkommen überrascht, versucht, mich zu beruhigen. Ich beschleunige erneut meine Schritte. Er geht immer noch mit mir mit, jedoch ohne zu sprechen. Nach einem Moment sagt er sanft, ohne Boshaftigkeit:

»Ich heiße Charles Aldoubaram.«

»Ich habe Hunger.«

Aldoubaram bringt mich in eine Gaststätte am Nordbahnhof. Ich verschlinge Fritten, Muscheln, Fritten und noch mehr Fritten.

Aldoubaram sitzt mir gegenüber in seinem schönen wärmenden Lodenmantel, er trägt eine Hornbrille. Groß, sympathisch, blasse Gesichtsfarbe, lächelnd. Er sagt nichts, er wartet darauf, dass ich satt werde.

Und die Worte stürzen aus meinem Mund, ich stimme meine Litanei an:

»Ich möchte singen …«

Ich erzähle die vergangenen drei Monate, in denen ich herumgestreunt bin. Die verschlossenen Türen. Die Müdigkeit. Allein mit mir selber. Ich erzähle von dem Hotel, den unbezahlten Rechnungen.

Die ganze Nacht über reden wir in dieser Gaststätte, die nicht schließt. Aldoubaram leitet ein in Frankreich bekanntes Casino. Es stimmt, er hatte auf dem Boulevard Anspach nach einem Mädchen gesucht. Er ist aus geschäftlichen Gründen hier. Noch am selben Tag kehrt er nach Paris zurück und bietet mir an, mich mit zurückzunehmen. Er wird seine Frau anrufen, ihr alles erklären. Sie besitzen ein großes Haus. Er ist Jude, auf einmal fühlt er sich mir gegenüber verpflichtet. Er ist nett, Aldoubaram.

Ich bin hierhergekommen, um zu singen. Ich werde nicht mit einem Misserfolg abreisen.

Er fragt mich, ob ich in Brüssel Leute kenne. Ich erzähle ihm von dem Balalaikaspieler mit der Pomade in den Haaren, halb Musiker, halb Zuhälter. Er lacht, ich lache mit ihm.

Ich begleite ihn zum Zug. Bis zur letzten Sekunde insistiert er, mich mitnehmen zu wollen. Ich lehne ab. Er gibt mir Geld, und ich muss ihm versprechen, das Hotel zu bezahlen und meine Brille reparieren zu lassen. Er teilt mir seine Telefonnummer in Paris mit.

Er ist abgefahren. Ich bleibe auf dem Bahnsteig stehen. Aldoubaram war phantastisch.

Eines Abends, viele Jahre später, erhalte ich im *Olympia** einen riesigen Blumenstrauß mit folgenden Worten: *Sie hatten recht – STOP – Bravo – STOP – Aldoubaram.*

* Das ursprünglich 1888 errichtete und seither mehrfach neu gebaute *Olympia* ist die älteste existierende Music Hall in Paris sowie eine der ersten und wichtigsten Adressen für große Konzertveranstaltungen.

Ich habe es nicht gewagt, ihn wiederzusehen. Das war dumm. Heute bedaure ich es.

Ich habe in meinem Leben Menschen aller Art getroffen, sogar Leute aus dem »Milieu«, »Gauner« vielleicht, aber oftmals großzügig und mit einem gewissen Ehrgefühl. Es gab Monsieur Victor, den ich noch erwähnen werde, und genauso Jo Attia, und Monsieur Paul, der an jedem Finger Brillanten trug. Menschen, die mir – ohne es zu wissen – geholfen haben, an denen ich mich zuweilen wieder aufwärmen konnte, die sich die Zeit nahmen, mich anzusehen und mir zuzuhören.

Nach Aldoubarams Abfahrt habe ich – so wie er es mir aufgetragen hatte – mein Brillenglas ersetzt und die Hotelrechnung beglichen. Alsdann habe ich Brüssel den Rücken gekehrt.

Einige Zeit zuvor hatte ich Peggy kennengelernt, eine völlig hilflose junge Frau, die ein Kind erwartete. Sie hatte Charleroi verlassen, nun sehnte sie sich dorthin zurück. Sie erzählte mir von ihren Freunden, einer Gruppe Künstler, die einen Ort der Begegnung, genannt »La Mansarde«, eröffnet hatten. Mit dem, was mir noch an Geld geblieben war, fuhren wir nach Charleroi.

Charleroi ist eine Bergarbeiterstadt, schwer zu ertragen für die Menschen, die dort leben. Es gibt einen zu trauriger Berühmtheit gelangten Vorort, Marcinelle, in dem Peggys Freunde wohnten. In diesem nördlichen Stadtteil, in dem auf mich alles abweisend wirkt, scheint »La Mansarde«, wo ich erst einmal lande, wie eine Sonne.

All diejenigen, die »La Mansarde« mit Leben erfüllen, arbeiten zwar, wohnen allerdings größtenteils bei ihren Eltern. Yvan Delporte, der »Weise« des Ortes, zeichnet

Comics. Er ist schwer zu beschreiben: zugleich mit seinem treuherzigen Blick und seiner unschuldigen Seele ein Engel, jedoch mit seinen Äußerungen, die er mit unglaublichem Humor würzt, ein alter Apostel, ein Erzähler bizarrer und phantastischer Geschichten.

Im allgemeinen Einverständnis überlässt er mir den Schlüssel der »Mansarde«, in der ich eine Zeit lang nächtigen werde. Dort steht ein Klavier. Abends, wenn alle von ihrer Arbeit heimkehren, erfinden wir die Welt neu. Sie besorgen mir kleine Gelegenheitsjobs wie einen Laden oder eine Wohnung neu anzustreichen. Ab und an komme ich mir wichtig vor und bringe eine ganze Tüte voller »Pistolets« mit zurück!

Wir hören Jazz. Damals weilten zahlreiche spätere Jazzgrößen in Belgien, in der Gegend zwischen Charleroi und Brüssel. Christian Kellens spielt manchmal Posaune, Bobby Jaspar, Sadi, Guérin, Bolling und viele andere sind ebenfalls zu hören.

Während meiner »belgischen Zeit« bleibt die »Mansarde« für mich ein Lichtblick, ein schönes Intermezzo, bei dem fröhliche und helle Seelen erblühen.

Derweil bleibe ich rastlos. Ich laufe, fahre per Anhalter zwischen Brüssel und Charleroi hin und her. Zu jener Zeit habe ich Freunde hier und da. Ich singe in kleinen Lokalen vor, ich erinnere mich aber kaum daran, was ich damals vorgetragen habe. Ich treffe andere Künstler, lerne Unterschiede kennen. Das geht so zwei Jahre lang, dann werde ich abermals eine neue Richtung einschlagen. Meine Freunde haben mir bereits so viel gegeben, dass ich jetzt nichts mehr von ihnen annehmen möchte.

Eines Abends verlasse ich, ohne es geplant zu haben,

die Stadt. Ich gehe. Ich nehme die Straße nach Süden. Ohne mir dessen bewusst zu sein, gehe ich weg. Ich trage eine grüne Latzhose und an den Füßen dicke schwere Stiefel. Das ist alles, was ich besitze. Ich habe keine Papiere mehr, die musste ich in einem Hotel zurücklassen, das ich nicht mehr bezahlen konnte. Ich besitze gar nichts mehr.

Ich will nach Frankreich zurück. Man hat mir erzählt, dass es in Grenznähe geheime Pfade für Illegale gäbe. Ich habe keinem Menschen auf Wiedersehen gesagt. Ich werde wiederkommen, das weiß ich. Zur Hälfte bin ich gescheitert, aber ich werde wiederkommen. Ich will in die Rue Vitruve zurück, meine Mutter wiedersehen, meine Brüder und meine Schwester. Sie bloß wiedersehen, dann werde ich wieder aufbrechen.

Seit mehr als einer Stunde laufe ich nun. Ich setze einen Fuß vor den anderen ohne weiter hinzuschauen, auch auf die Autos achte ich nicht mehr. In meinen großen schweren Stiefeln tun mir die Füße weh. Es kommt mir vor, als sei das Wetter mild, aber äußerst grau.

Den schwarzen Chrysler von Monsieur Victor, der neben mir hält, habe ich nicht kommen hören.

»Wo willst du hin?«

»Nach Paris.«

»Ich auch, steig ein, ich nehm dich mit!«

Ich erkläre ihm, dass ich nichts lieber täte, aber keine Papiere besitze, um die Grenze zu überqueren.

Monsieur Victor gehört nicht zu den Menschen, die sich einen Kopf um nicht vorhandene Papiere machen.

»Steig ein, ich werd dich schon über diese Grenze bringen.«

Ich bin eingestiegen.

Er hat kein Wort zu mir gesagt, keine weitere Frage

gestellt. Er begnügt sich damit, mich von Zeit zu Zeit von der Seite zu betrachten.

Auf diese Weise fuhren wir wohl hundert Kilometer. Als der Grenzposten näherkam, merkte Monsieur Victor, wie ich immer blasser wurde.

»Mach dir keine Sorgen!« meinte er zu mir.

Dann stieg er aus. Ein Zollbeamter kam auf ihn zu. Ich weiß nicht, was die beiden untereinander ausgetauscht haben, aber nach zwei Minuten kam er zurück, und wir fuhren wieder los.

»Diese Strecke fahre ich oft«, erklärt er mir lächelnd. »Du musst wissen, ich verschiebe Autos … Du hast Angst gekriegt, nicht wahr?«

»Ja.«

Erneut schaut er mich von der Seite an.

Der Chrysler gleitet sanft und geschmeidig voran, einer Katze gleich. Wir sind in Frankreich.

Wie wohl ich mich in diesen schwarzen Ledersitzen im Chrysler von Monsieur Victor fühle!

Wie schön der heller werdende Himmel ist, der sich jenseits des Autodachs öffnet!

Wie wohlriechend die Maiendüfte, die durch die halb heruntergelassene Scheibe hereinströmen!

Ich habe Monsieur Victor ganz genau betrachtet: Unter dem geöffneten Hemd war er bis zum Hals tätowiert, vom Handrücken ausgehend bis zu den gebräunten Oberarmen. Er war einfach schön!

Ich hatte keine Angst, ich bin eingeschlafen.

Ich erinnere mich daran, vor einem Gasthaus wieder aufgewacht zu sein. Ich bin Monsieur Victor in einen kleinen Speiseraum mit rotkarierten Tischdecken aus Papier gefolgt.

Der Duft, der Geschmack und die goldbraune Farbe der

Speckwürfel, die Saftigkeit dieses Omeletts, zu dem mich Monsieur Victor an jenem Tag einlud, sind mir bis heute in Erinnerung geblieben.

Victor, Monsieur Victor
Sie hatten ein Herz aus Gold …[*]

* * *

Es ist vier Uhr in der Früh. In Précy schläft alles. Gestern Abend, so gegen zwanzig Uhr, herrschte eine totale Mondfinsternis. G. hat mich aus Malta angerufen, um mich daran zu erinnern. Ich habe es vergessen und verpasst! Aber jetzt, heute Morgen, steht der volle Mond mitten am Himmel. Es ist kühl.

Meine kleine Schwester, die für einige Tage bei mir zu Besuch weilt, schläft oben. Vor fünf Jahren hat sie in Israel, wo sie wohnt, angefangen zu malen. Sie hat mir Bilder mitgebracht, die mich erstaunen. Ihre Malerei ist ausgesprochen offen geworden, luftig, mit wunderschönen Blautönen. Ja, ich bin erstaunt.

In den ersten Jahren in Précy war ich »Stricktante-Ragoutköchin-Gärtnerin«. Meine »Strickeritis« und »Häkelritis«, die ich mir 1966 in einem »schönen beigen Mercedes«[**] zugezogen hatte, verschlimmerte sich in Précy.

Oh, wie gerne ich an diese Nächte zurückdenke, in denen ich bis zum Morgen die verschiedensten Materialien und Farben verstrickte, Wolle oder Baumwolle, oder Chenille-Wolle, die verschiedenen wollweißen oder braun-beigen Töne, Schokoladenbraunvarianten, Hell-

* Zeilen aus dem Chanson *Monsieur Victor*.

** Barbara fing mit dem Stricken während der langen Autofahrten an, um gegen die Langeweile anzukämpfen.

grauschattierungen. Während der Zählerei beim Zu- und Abnehmen der Rippenmuster, der glatten Flächen und der Zopfmuster vergaß ich alles andere, strickte mit Nadeln der Stärke 2 ½ bis 3, sogar 8, um manches Mal mein Werk unbekümmert mit 12 fertigzustellen!

Und dann diese ausgetüftelten Muster: Korbmuster, Wabenmuster, Kaleidoskopmuster, das große Perlmuster, das Mondmuster, einige Reihen später waren sie bereits wieder vergessen und ich – mitten in meinem Strickrausch – war gezwungen, das Originalmuster wieder aufzunehmen!

Oh, wie habe ich es geliebt, dieses Stricken, wie habe ich es geliebt, in diesem Gewirr von verlorenen, fallengelassenen und wieder aufgenommenen Maschen gefangen zu sein!

Ich trug mich sogar mit dem Gedanken, eines Tages eine Tournee ausschließlich durch diese kleinen Orte zu machen, in denen eine bestimmte Wollmarke verkauft wurde …

Schals, so lang wie Autobahnen, habe ich in Mengen gestrickt und auch riesige Fledermauspullover, wobei ich allerdings stets darauf achtete, dass der Kopf ohne Schwierigkeiten durch den Ausschnitt passte. Reihenweise habe ich sie verschenkt – manchmal mit drei Monaten Verspätung – diese Pullover mit den misslungenen Ärmelausschnitten, mit Ärmeln, von denen der eine länger als der andere war! (Ich erinnerte mich nämlich noch immer an die viel zu engen Halsausschnitte der Pullover unserer Tante Jeanne, aus denen man regelmäßig mit hochrotem Kopf und zu Berge stehenden Haaren herauskam, so wie mein Bruder Jean irgendwann aus seinem zu kleinen Pulli mit dem gezackten Fischgrätenmuster!) Ein ähnlicher Fall war der wollweiße Pulli für Douguy – mein wunderbarer Toningenieur –, gestrickt habe ich ihn mit zweifarbiger Baumwolle, jedoch waren die Ärmel so eng, dass Douguys Arme nicht mehr an die Schalter des Mischpultes heranreichten, und nach dem zweiten Waschen hatte er sich in ein Leibchen verwandelt … Douguy war rührend, trug er ihn doch weiterhin tapfer, denn er wusste, wie viel Nachtarbeit und Liebe ich dafür aufgewandt hatte!

Da gab es noch den Pulli, den ich mir für Béa* ausgedacht hatte, in Flaschengrün und aus Bouclèwolle, den sie zum x-ten Mal anprobierte, stets in der Hoffnung, der eine Ärmel möge einmal dieselbe Länge wie der andere haben! Und sie stand da zum Anprobieren, mit ausgestreckten Armen, ständig kurz vor einem Krampf, etwas verzweifelt, aber geduldig!

Kilometerweise Wolle, verstaut in extra zu diesem Zweck geschaffenen Fächern und sortiert nach Farbe und Material: Bouclèwolle, Astrakanwolle, Baumwolle zweifädig, einfädig, ohne Faden …

Mit meinem Arsenal an Häkelnadeln von Stärke 2 bis 10 habe ich mir so manche Muster ausgedacht, um so zu arbeiten, wie Granny es mich gelehrt hatte, als sie vor meinen Augen mit großen Vögeln verzierte Gardinen häkelte!

Desgleichen habe ich so manche Freunde bewirtet, Ragouts geschmort, immer unfähig, zweimal dasselbe Rezept zu kochen; ich pfefferte zu stark mit grauem, schwarzem und grünem Pfeffer, würzte mit so viel Koriander, »Ras el-Hanout« und Curry, dass es einem die Zunge verbrannte, den Mund zerfetzte, die Kehle verätzte und alles andere, was noch daran hängt!

* Béatrice de Nouaillan war 15 Jahre lang Barbaras Assistentin und später auch ihre Hausverwalterin in Précy.

Und mein herrlicher Garten!

Nachts goss ich leidenschaftlich gerne meine Pflanzen, sah zu, wie die Erde das Wasser aufsaugte, dieses schöne klare Wasser, das die Blumen wiederbelebte, die tagsüber unter der klebrigen Augusthitze dahingewelkt waren.

Mit dem Hintern auf dem Boden bewunderte ich meine Blüten. Voller Verzauberung entdeckte ich, wie aus einem ganz kleinen Samen eine hübsche, blasse, rosa-violette Wicke entstehen kann.

Was habe ich nicht alles an Pflanzen und Blumen kultiviert, gesät, über Stecklinge und Absenker vermehrt, an Pfählen festgebunden und mit Stangen gestützt!

Welch ein Leben, welch ein wunderbares Leben in Précy!

* * *

Als wir aus dem Gasthaus herauskamen, uns wieder auf den Weg machten, wurde Monsieur Victor ein wenig zärtlich, aber er hat Stil bewahrt. Er wollte anhalten, doch ich habe abgelehnt. Er hat gelacht. Ich fühlte mich wohl, wir fuhren schweigend weiter.

Er brach als erster das Schweigen, ohne auf irgendwelche Fragen von mir zu warten. In Wirklichkeit war Monsieur Victor Zuhälter. Seine »Mädchen« arbeiteten in La Villette. Er schlug mir vor, »sich um mich zu kümmern« … Er hatte gerade seiner ständigen Maitresse den Laufpass gegeben. Also, falls ich Lust hätte …

Das war wie im Kino!

Ich habe ihm von meinen Plänen erzählt.

»Sängerin, das ist doch kein Beruf! Du brauchst Beziehungen, ich versichere dir, wenn du magst, dann kann ich …«

»Ich will singen, das ist mein Leben!«

Er fing an, mich auf eine andere Weise anzuschauen, ganz aufmerksam. Am Waldrand von Compiègne verkauften Kinder Maiglöckchensträuße. Jäh hielt er auf einmal den Chrysler an, stieg aus und kam mit einem riesigen Strauß zurück, den er mir auf die Knie legte. Das trieb mir die Tränen in die Augen. Victor war ein echter Gentleman.

Wir näherten uns Paris. Ich wusste überhaupt nicht, wohin ich gehen sollte, konnte ich doch nicht einfach so in der Rue Vitruve auftauchen. Der Abend brach herein. Ein heftiger Gefühlsausbruch schüttelte mich. Victor hielt an. Ich habe ihn umarmt.

Lange hat er mich angeschaut. Dann zog er ein Papier aus der Tasche, auf das er seinen Namen, seine Adresse und seine Telefonnummer kritzelte.

»Du brauchst nur nach Victor zu fragen.«

Er steckte mir Geld zu, dann öffnete er die Fahrzeugtür. Ich stieg aus. Er wartete noch ein wenig. Ich habe mich nicht gerührt. Ich habe zugesehen, wie der Chrysler sanft entschwand. Ich habe geweint.

Ich fühlte mich wie trunken.

Es war soweit, ich war wieder zurück in Paris!

Später, als die Dinge für mich besser liefen, habe ich Victor gesucht, um ihm zu danken, doch hatte er eine Grenze überschritten, hinter der es kein Zurück mehr gab.

Zwanzig Kilometer vor der Grenze
War ich schon so viel gelaufen
Ich konnte nicht mehr
Hatte nur noch Staub
An meinen Stiefeln kleben

An meinen abgelaufenen Sohlen
Was bedeuten schon zwanzig Jahre
Wenn Du in einer Einöde verschlossener Türen verendest
Was bedeutet es schon, wenn du nur einen einzigen
Traum hast
Deine verrückte Idee
Singen zu wollen …

… Als Sie Ihren Chrysler Coupé zum Halten brachten
Porte de la Villette
Machten Sie ein komisches Gesicht
Sagten zu mir: »Singen,
Das ist doch kein Beruf
Um Künstler sein zu wollen braucht es Beziehungen
Victor kennt das Leben, du kannst ihm vertrauen
Lass mich für dich sorgen, du wirst
Nie mehr Hunger haben«
Victor, Monsieur Victor
Vielleicht hätte ich Ja gesagt
Aber mich beseelte
Diese verrückte Idee, singen zu wollen
Victor, Monsieur Victor
Sie hatten ein Herz aus Gold
Für mich an jenem Tag
Auf der Straße Richtung Nord …[*]

Ich erinnere mich nicht mehr genau, was danach geschah. Ich glaube, ich ging in die Rue Marcadet, wo meine Granny nicht mehr war, aber noch eine ihrer Töchter, die mich aufnahm.

* Auszug aus dem Chanson *Monsieur Victor*.

Am nächsten Tag holte ich meine kleine Schwester in der Rue des Pyrénées, in der Nähe der Porte de Vincennes, von der Schule ab. Ich habe sie in die Rue Vitruve begleitet, hatte aber nicht die Kraft, mit ihr hochzugehen. Ich bin in die Rue Marcadet zurückgekehrt, habe begonnen, Arbeit zu suchen.

In der Rue de la Trémoille wurde ich ganz unkompliziert von Jean Wiener, diesem wunderbaren Menschen, empfangen. Natürlich wusste ich, dass er ein begnadeter Pianist mit einem großen Improvisationstalent war, obendrein ein sehr humorvoller Virtuose. Wie alle anderen hatte ich seine musikalischen Begleitungen der Stummfilme von Buster Keaton, Charlie Chaplin, Max Linder und anderen bewundert. Überdies hatte er auch noch zusammen mit Clément Doucet zu Zeiten des *Cabaret Le Bœuf sur le Toit* gespielt.

Er bat mich zu singen und begleitete mich auf seinem Flügel, ohne Noten, einfach so nach Gehör.

Anschließend unterhielten wir uns lange. Er erzählte mir, dass er auf dieselbe Weise wie mich eines Tages Edith Piaf empfangen hatte, die wie ich gekommen war, ihn um Rat zu bitten. Er hat mir versichert, eines Tages würde ich »richtig« singen, dessen sei er sich gewiss.

Angesichts meiner Lage empfahl er mir allerdings für die Zwischenzeit, bei Pierre Prévert vorstellig zu werden, der sich gerade anschickte, sein Cabaret *La Fontaine des Quatre Saisons* zu eröffnen.

Als ich bei der *Fontaine* ankomme, ist das Vorsingen bereits abgeschlossen, das Abendprogramm bereits ausgearbeitet. Tiefbetrübt teilt mir Pierre Prévert mit, es bliebe nur noch ein Platz als Tellerwäscherin für acht Franc am Tag übrig.

Ein Platz als Tellerwäscherin für acht Franc am Tag? Ich brauche Arbeit, das heißt also Ja! Danke.

Am folgenden Tag lerne ich den Barmann kennen. Er zeigt mir meine »Loge«, anders gesagt, das Spülbecken, das direkt an seine Bar grenzt. Er erklärt mir, dass er während der Vorstellung die Gläser durch die kleine Luke hindurchreicht, damit ich sie reinige, um sie ihm dann auf dieselbe Weise zurückzureichen. Nett, der Barmann.

Außerdem muss ich um siebzehn Uhr da sein, um die Getränkekisten zu leeren. Weniger nett, der Barmann! Aber eindeutig!

Wie gesagt, so getan!

Ich wohne in der Rue Marcadet, Metrostation Lamarck, und ich bin Tellerwäscherin. Wir schreiben das Jahr 1951. Alles, was in Paris Rang und Namen hat, stellt sich in der *Fontaine des Quatre Saisons* ein, um *Le dîner de têtes* von Jacques Prévert mit Roger Pigaut zu hören, zu sehen und zu beklatschen, desgleichen Mouloudji, der gerade im Chansongeschäft debütiert, die Marionetten von Lafaye, Boris Vian und Jacques Prévert, Francine Claudel, die Christiane Verger und Jacques Prévert singt; Louis Bessières, Pianist und Komponist und Henri Crolla begleiten diesen Zauber musikalisch, sind selber bezaubernd.

Fast ein Jahr lang spüle ich die Gläser von ganz Paris. Voller Bewunderung sehe ich durch meine kleine Luke Edith Piaf, Eddie Constantine, Simone Signoret, Yves Montand, Daniel Ivernel und andere mehr vorbeidefilieren.

Jean Wiener kommt manchmal vorbei und lädt mich beim *Petit Bougnat* gegenüber, bei dem ich zunehmend in der Kreide stehe, zu Fritten ein.

La Fontaine war tatsächlich ein außergewöhnlicher Ort. Dank meiner Tellerwäscherei konnte ich jeden Abend eine Vorstellung bewundern, die ich mir niemals hätte leisten können. Aber Kisten schleppen und Gläser spülen ist anstrengend. Eines Tages gehe ich entkräftet und krank fort.

Entbehrungen, Erschöpfung … Krankenhaus.

Ich erinnere mich an den großen Gemeinschaftssaal mit seinen vierunddreißig Betten, an die alte Philomène, ein ausnehmend schmächtiges Persönchen, in ihrem weißen Nachthemd aus grobem Leinen, das Haar glatt und schlohweiß, das sie offen über ihren zerbrechlichen Schultern, einem alten Mädchen gleich, trug. Als ehemalige Oberschwester alterte sie im Krankhaus alleine vor sich hin und lief von Bett zu Bett, wähnte sie sich doch noch immer im Dienst!

Ich erinnere mich an die verliebten Tuberkulosekranken, die bei der Kapelle kurze leidenschaftliche Stelldicheins pflegten.

Ich erinnere mich an die Gerüche, besonders aber an die nicht enden wollenden Wartezeiten, an die Ankunft der Besucher und Besucherinnen, meistenteils mit hochroten Köpfen, atemlos, versunken in ihrer dunklen Kleidung, die das Weiß der Leinenhemden und die bleichen Gesichter der Kranken umso stärker hervorstechen ließ.

Dies war mein erster Krankhausaufenthalt.

Es sollte nicht der letzte sein!

Ein junger Mann aus Charleroi, auf der Durchreise in Paris, suchte nach mir. Meine belgischen Freunde hatten ihm von mir erzählt, er wollte mich treffen, bevor er wieder abreisen musste.

Er kam mich also im Krankenhaus besuchen. Er war Maler. Wir haben über Charleroi geredet, über unsere gemeinsamen Freunde.

Drei Tage später habe ich das Krankenhaus verlassen und bin mit ihm zusammen aufgebrochen.

Dies war zu Beginn des Winters 1952. Der junge Mann besaß ein großes Motorrad, und so kam ich vollkommen steif und blaugefroren in Brüssel an.

Jeff teilte sich mit anderen Malern einen überaus schönen Ort, dessen Name »Haus von Boondael« lautete. Dort lebten Männer und Frauen, allesamt Maler, und arbeiteten gemeinsam in einem riesigen Atelier. Sie öffneten mir ihr Haus, nahmen mich in ihren Kreis auf, und als sie von mir erfuhren, dass ich singen wolle, boten sie mir an, in einem der großen Räume im Erdgeschoß des Hauses ein Klavier aufzustellen. Sie diskutierten darüber, wie das Haus zu gestalten sei, damit ich vor einem jungen Publikum singen könne. Es wurde beschlossen, Orangensaft und Soda zu verkaufen.

Meine Entscheidung, so schnell singen zu wollen, war äußerst leichtsinnig, denn ich verfügte über kein Repertoire und begleitete mich noch nicht am Klavier, oder zumindest nur sehr schlecht.

Ich brauchte also einen Pianisten. Im Café *La Jambe de Bois*, Treffpunkt für Studenten, waltete ein Pianist seines Amtes, der sich allerdings überhaupt nicht für mein Angebot erwärmen konnte, jedoch versprach, jemanden anderen zu finden. Ich gab ihm die Telefonnummer von *Boondael*.

Am darauffolgenden Tag rief mich Ethery Rouchadze an. Sie bestellte mich noch für denselben Tag in das Zimmer ein, in dem sie lebte. Ein Raum mit einem ganz kleinen Bett, aber einem ungeheuer großen Flügel!

Ethery kam aus Georgien und suchte Arbeit. Sie erzählte mir, sie sei nach Belgien gekommen, um mit Eduardo del Pueyo zu arbeiten, damals ein berühmter Konzertpianist von weltweitem Renommee, der in Brüssel lehrte. Sie war ausgesprochen lustig, ungemein lebendig und unterstrich ihre Geschichten durch herzliches Lachen.

Und dann setzte sie sich an den Flügel. Seit jenem Tage habe ich die *Quatrième Ballade* von Chopin nie wieder so spielen hören!

Eine Pianistin, aber was für eine Pianistin!

Ethery war klein und schlank, doch strahlte sie eine einzigartige Kraft aus. Sie hatte quadratische, kräftige, dennoch aber leichte Hände. Während sie spielte, schien die Musik von ihren Schultern bis zu ihren Fingerspitzen herunterzuperlen. Es war, als sprudelten die Töne aus ihrem gesamten Körper hervor.

Sie ließ sich darauf ein, mich am Flügel zu begleiten, und bereits am nächsten Tag ließ sie mich mein begrenztes Repertoire wiederholen. Ich war überglücklich. Endlich würde ich singen!

Nun sind wir also im »Haus von Boondael«, die Maler, Ethery und ich. Abends hört und sieht uns ein junges, leider nur spärlich erschienenes Publikum bei einem Gläschen zu. Mein Gesangsauftritt verläuft sehr schlecht. Manchmal unterbrechen mich die Studenten. Wir beschließen, dass das Programm noch weitere Einlagen braucht.

Ethery berichtet mir daraufhin von einem belgischen Freund, über den sie mir viel Gutes erzählt und mit dem sie mich unbedingt bekanntmachen möchte. Er ist Rechtsreferendar, interessiert sich aber für alles, was mit dem Varieté zu tun hat. Er selbst hat eine Nummer als Zauberkünstler einstudiert und wäre eventuell bereit, sich uns anzuschließen.

Offen gestanden, als ich den fraglichen Freund erblicke, erfasst mich kein warnender Schwindel, wie es eigentlich nötig gewesen wäre, war er doch derjenige, den ich ein Jahr später heiraten sollte! Aber dies ist eine andere Geschichte, sicherlich amüsant zu erzählen, aber eben eine vollkommen andere.

Mein zukünftiger Mann, den ich C …* nennen werde, um ihn und auch seine Familie nicht in Verlegenheit zu bringen, war ein äußerst geschickter Fingerkünstler, absolut virtuos. Ich fand ihn ungemein intelligent und, oh ja, verführerisch.

Wir waren häufig zusammen. Ich hatte sogar den Eindruck, dass er wesentlich mehr Zeit mit uns als im Justizpalast verbrachte. Aus seinem Mund vernahm ich zum ersten Mal die Namen der Maler Arcimboldo und René Magritte sowie des surrealistischen Poeten Paul Nougé. Mit ihm entdeckte ich bei einem gemeinsamen Freund die geniale Marianne Oswald, die mich unglaublich beeindruckte: Sie besaß eine Unbändigkeit, einen Mut für das Moderne, eine Verzweiflung … Marianne Oswald war einfach verblüffend!

Wiederum mit C … entdecke ich wenige Zeit später die erste 78er-Schallplatte von Georges Brassens, die wir zusammen mit Ethery bei einem Plattenhändler an der Porte Louise anhören. Solche Erlebnisse vergisst man nicht!

C … kam abends also oft, um seine Zauberkünste im *Boondael* vorzuführen, wo ihm viel Erfolg beschert war. Aber wir arbeiteten ohne Erlaubnis, und so mahnten uns die Gendarmen der Gemeinde recht schnell ab und schoben unseren künstlerischen Tätigkeiten einen Riegel vor.

* Claude Sluys, belgischer Jurist, von dem sich Barbara 1956 wieder trennte.

Ethery und ich standen nun ohne Arbeit da. C …, der sich in der Stadt bestens auskennt, schlägt uns vor, nach einem Ort zu suchen, wo wir zu dritt auftreten können.

Am oberen Ende der Chaussée d'Ixelles, nicht weit entfernt von dem ehemaligen Haus der Malibran*, das heute als Rathaus von Ixelles dient, existierte damals eine nichtssagende *Friture*** mit dem Namen *Le Cheval Blanc.* Ganz hinten in dieser übel riechenden und schlecht erleuchteten *Friture* befand sich ein Tanzraum mit einer Bühne ohne Kulisse. Aber, welch ein Luxus, ausgestattet mit einem Vorhang!

Die Wände dieses Raumes waren von einem jungen Maler namens Jacques Nathan prächtig ausgeschmückt worden. Es mutete absolut surrealistisch an, inmitten dieses unangenehmen Geruches von Frittieröl und mit Crevetten gefüllten Schmortomaten auf eine solche Szenerie zu stoßen! Jo Dekmine, einer der großen Pioniere in Sachen Varieté, besessen von Poesie, Chanson und Theater, hatte einige Zeit vor uns diesen Raum genutzt, und es war ihm gelungen, dort eine der ersten Vorstellungen im Stile *Rive gauche**** in Brüssel auf die Beine zu stellen. Er hatte diesen Ort *La Poubelle* (Der Mülleimer) getauft und die Wandmalerei Jacques Nathan anvertraut. Seine verrückte Einzigartigkeit, sein künstlerisches Gespür, sein Sinn für alles Kuriose machten Jo Dekmine zu einem der brillantesten jungen Theaterleiter, die ich in Belgien kennengelernt habe. *La Poubelle,* wo nicht alles zum

* Maria Malibran, 1808-1836, gilt als die erste Diva der Operngeschichte.

** In Belgien ein kleines Lokal, in dem Muscheln, Pommes frites und frittierter Fisch angeboten werden.

*** *Rive gauche* bedeutet in Paris linksseitig der Seine liegend und steht für intellektuelle und künstlerische Freiheit und Unabhängigkeit.

Besten lief, hatte er verlassen, um an der Grand-Place* sein Varieté-Programm erneut vorzuführen. Nachdem er auf seine Weise mehrere Kulturstätten in Brüssel geschaffen hatte, sollte er ein außerordentlich schönes *Théâtre 140* eröffnen, in dem er zahlreiche Chansonniers mit ihren eigenen Liedern, Komiker und französische Interpreten auftreten ließ. Auch ich werde dort mehrfach singen.

Doch kommen wir zum *Cheval Blanc* zurück. C … schließt mit den Wirten ein Abkommen. Sie verkaufen die Getränke und wir erhalten die Eintrittsgelder.

Sehr schnell schließen sich uns andere Künstler an. Ein Mime, ein Imitator – ein Anfänger, der seitdem, so glaube ich, Karriere gemacht hat – und ein Junge mit einer herrlichen Bassstimme.

Ethery begleitet sich selbst am Flügel und singt georgische Lieder, ich singe *L'Enseigne de la fille sans cœur* von Gillés und Vilard, *Madame Arthur* von Paul de Kock, *Monsieur William* von Jean-Roger Caussimon, usw.

Dank C … und seiner unerhört vielen Beziehungen wird das *Cheval Blanc* rasch von einem bürgerlichen Publikum angenommen, insbesondere von Rechtsanwälten und Ärzten. Nach einigen Monaten ungetrübten Glücks bricht die Zeit der hitzigen Diskussionen an, es geht um irgendwelche unklaren Geldgeschichten. Die Chefs des Lokals sehen den Erfolg und wollen höhere Preise für die Getränke durchsetzen, wir aber wollen keine Erhöhung der Eintrittspreise. Kurzum, es kommt zur Trennung.

Der Mime Cornélis verhalf uns zu der Adresse von Adrienne. Adrienne suchte eine Pianistin und eine Sängerin.

* Zentraler Platz in Brüssel und eines der Wahrzeichen der Stadt.

Im Amüsierviertel der Stadt, in der Nähe der Porte de Namur, säumten kleine Nachtbars von der Sorte »Hier geht's nach oben« oder »Hier geht's nicht nach oben« die gesamte Rue de la Pépinière. Bei Adrienne ging es nicht nach oben!

Chez Adrienne war eine Bar, in der nachts die Linienpiloten der Sabena abstiegen. Es war ein winziges Lokal, vielleicht das engste, in dem ich jemals gesungen habe. In einer schmalen Küche ganz hinten richtete Adrienne ein paar Speisen für Stammkunden an. Vorne, in der Bar, aß man selten, aber es wurde ordentlich gepichelt. Von Adrienne hatte man uns erzählt, sie sei das wohlgenährte »Bébé Cadum«* der Reklameplakate unserer Kindheit gewesen. Aber ganz ehrlich: Sah man zu, wie diese resolute Matrone ihr Etablissement leitete, fiel es einem schwer zu glauben, in ihrem Blick, dem nichts entging, habe einstmals die Treuherzigkeit eines »Bébé Cadum« gelegen.

Sie stellte Ethery und mich ein, für dreißig Franc pro Whisky, wobei sie uns erklärte, der Kunde bekäme selbstverständlich Scotch eingeschenkt, während sie in unsere Gläser nur Tee einfüllen würde. Die Gäste würden das gar nicht merken!

Sobald einer von ihnen im angetrunkenen Zustand Anstalten machte, mehr zu verlangen, zu weit zu gehen, erklärte ihm Adrienne: »Achtung, dies ist nicht der Stil des Hauses!«

Für eine Flasche Champagner erhielten wir etwas mehr, und kam ein »fetter Kunde«, so machte sie uns mit einer energischen Kinnbewegung auf ihn aufmerksam und verlangte, dass wir alle beide an seinen Tisch gingen,

* Pausbäckiger, pummeliger Wonneproppen aus einer weit verbreiteten Seifenreklame aus der Zeit vor dem Zweiten Weltkrieg.

um uns die armseligen Phantastereien eines einsamen Mannes anzuhören, wovon uns so manches Mal der Kopf schwirrte.

Aber gut, ich konnte singen, und wir hatten Arbeit.

C …, dem solcherlei Probleme absolut unbekannt waren, lebte bei seinen Eltern. Selten nur kam er zu Adrienne, sondern wartete in einem Bierlokal an der Porte de Namur auf mich und verfasste währenddessen traurig Gedichte auf den Bierdeckeln.

Auf einem kleinen Klavier spielte Ethery auf Wunsch *Ma petite folie*, in jenen Tagen ein großer, von Tohama gesungener Erfolgsschlager, sowie die Walzer von Chopin und auch Beethovens *Mondscheinsonate*.

Ich sang. Es war mir vollkommen egal, was um mich herum geschah, ich konnte singen!

Sobald es in der Rue de la Pépinière eine Polizeirazzia gab, warnten uns die Mädchen der benachbarten Nachtclubs, denn sie mochten uns und wussten, dass wir illegal arbeiteten.

Morgens waren wir erschöpft, vollständig ausgelaugt. Ethery kehrte zu sich nach Hause zurück in die Rue du Commerce, und ich begab mich zu Prudence, gleich nebenan in die Rue Thérésienne.

Prudence war zwar eine Freundin von Adrienne, sie mochte diese allerdings nicht besonders. Sie lebte allein inmitten ihrer Erinnerungen in dem Haus, das ihr einst gehörte, das ihre Mädchen aber seit langem verlassen hatten. Sie war einverstanden, mir für ein paar Sous ein Zimmer zu vermieten.

Bei Prudence trat man durch eine ganz kleine Tür ein und befand sich sofort direkt in der schlauchartigen Bar. Es herrschte ein ausgeprägtes Halbdunkel, auf dem granatroten Teppichboden standen fahlgelbe Ledermöbel.

Auf der rechten Seite erhob sich eine alte Theke mit auffällig hohen, samtüberzogenen Barhockern, Ton in Ton passend zum Teppichboden. In den Regalen hinter der Bar reihten sich halbleere Flaschen mit abgestandenen bernstein- und anisfarbenen Likören aneinander. Aber stets stand eine Flasche Champagner im Kalten, in der Erwartung eines zahlungskräftigen Kunden, der allerdings niemals kam. Der Eindruck wurde abgerundet durch ein ovales Gemälde, das zwei junge Mädchen mit breitkrempigem Hut und Blumen im Arm darstellte, und ein wenig weiter hinten noch durch einen venezianischen Spiegel.

Am hinteren Ende der Bar thronte aufrecht in ihrem Sessel Prudence.

Ihr Kleidungsstil war klassisch, aber auch altbacken: Plisseerock und ein kleines weißes Jabot aus Rüschen, Baumwollstrümpfe in hässlichem Beige und Stiefeletten. Die Farbe ihrer Kleidung war immer zurückhaltend, die Stoffe zeugten jedoch von Qualität. Auf ihrer Nase saß eine fein umränderte Brille. Ihre Haare waren glänzend rabenschwarz gefärbt, sie trug einen Knoten und Mittelscheitel.

Sobald die Eingangstür zur Bar aufsprang, schnellte Prudence wie von einer Feder getrieben hoch, sah dann aus wie eine alte vertrocknete Cousine aus der Provinz, stocksteif mit ihrem Haarknoten und ihrer Brille auf der Nase!

Aus ihren alkoholisierten Gedanken hochgerissen, warf sie einem mit lauter kehliger Stimme entgegen:

»Jarrr?«

Sie war Flämin, und dieses »ja«, das schwöre ich, hatte mindestens drei »r«!

Am frühen Morgen, wenn ich von Adrienne zurückkehrte, fand ich sie in ihrem Sessel vor, feierlich thronend, einem Buddha gleich. Sie wartete auf mich, entweder um meine Miete zu verlangen, von der sie vergessen hatte, dass sie bereits bezahlt war – sie pflegte die Geldscheine unter den Holzbohlen ihres Zimmers zu verstecken –, oder aber um mich liebevoll zu empfangen und zu beweihräuchern, mir einen Kaffee mit ein paar Butterkeksen zu servieren und mir nochmals zu wiederholen, ich sei ihre Prinzessin und sie könne mir »meine Zukunft sichern«, in Person eines alten Oberst, der von Zeit zu Zeit vorbeikam, einen Drrrink nahm, gegen vierrr Uhrrr nachmittags, und derrr mich bemerrrkt hatte!

Ebenso erzählte sie mir fast jeden Morgen, wie sich irgendwann ein kleiner Notar vor ihren Füßen umgebracht habe, weil sie sich ihm verweigert hatte:

»Umgebrrracht, vorrr meinen Füßen, Prrrinzessin!«

Und sie versuchte, mir die Größe ihres Rechtsverdrehers durch den Abstand zwischen Daumen und Zeigefinger klarzumachen.

Je nachdem, wie müde ich war, brüllte ich vor Lachen oder beschimpfte sie, um sie alsdann nach oben in ihr Zimmer, dessen Wände – ganz im Stil der Kokotten – mit Satin bespannt waren, zu geleiten. Anschließend ließ ich mich nur noch auf mein Bett fallen, über dem eine Decke mit himbeerroten Satinfransen lag.

Ich liebte sie, diese Prudence.

Dann, eines Morgens im Oktober 1953, nach einer bei Adrienne durchgearbeiteten Nacht, habe ich geheiratet.

Es war eine Hochzeit ganz »à la Fellini«, die im Hause der Malibran zelebriert wurde. Ich war vollkommen in Schwarz gekleidet, von den Füssen bis zu meinem Turban. Prudence, meine Trauzeugin, hatte eines ihrer stilvollen altmodischen Kleider angelegt.

Ich erinnere mich noch ganz genau, wie sie mich überallhin verfolgte und mir zugesetzt hatte: »Heirrrrate nicht«, mit sogar vier »r«. »Diese Leute sind nichts fürrr dich … derrr alte Oberrrst wirrrd dich glücklich machen!«

Ich habe dennoch geheiratet …

Für Trauringe besaßen wir kein Geld, der Freund und Trauzeuge meines Mannes hat sie uns geschenkt. Prudence hat das Hochzeitsessen bezahlt. Meine liebe Prudence …

Von diesem Morgen im Oktober, an dem ich, eskortiert von C…s Trauzeugen und Prudence, aus dem Hause der Malibran trat, ist mir nichts geblieben. Und es gibt kein einziges Foto, auf dem wir gemeinsam zu sehen sind!

Lange Zeit später, im Jahre 1964, bin ich in dieses Viertel an der Porte de Namur, Rue de la Pépinière, zurückgekehrt. Nur wenige Bars, unter anderem die der dicken Lulu, erinnerten noch an die alte Zeit. Adrienne hatte in einem anderen Viertel ein Restaurant eröffnet. Meine Prudence, in der Rue Thérésienne, lebte nicht mehr.

In der Geschichte von *Lily Passion* sollte sie wieder zum Leben erweckt werden. Gérard Depardieu wird darin sagen:

Ich wuchs in einem verlassenen Bordell auf, das eine Frau mit dem Namen Prudence führte …
Ihr Geld versteckte sie unter den Dielenbrettern des Parketts: Der Absinth berauschte sie immer so stark, dass sie sich nie erinnerte, wo sie ihr Geld versteckt hatte!
Prudence, meine Prudence …

Ab 1949 öffneten von der Place Saint-Michel bis nach oben zur Place de la Contrescarpe die sogenannten Cabarets der Rive Gauche: *La Colombe, Le Port du Salut, L'Echelle de Jacob, Les Assassins, Le Cheval d'Or, La Vieille Grille, La Galerie 55 …*

Das heute nicht mehr existierende Cabaret *L'Ecluse,* am Quai des Grands-Augustins Nr. 15 gelegen, neben der Rotisserie *Périgourdine* und dem Restaurant *Louisette la Basquaise,* wird sich als eine Talentschmiede für Künstler, Poeten, Chansonniers, Interpreten, Komiker, Duos, Mimen und Geschichtenerzähler erweisen.

Léo Noël, Marc Chevalier, André Schlesser und Brigitte Sabouraud sind die »Singenden Cabaret-Leiter«. Léo Noël begleitet sich an der Drehorgel, Brigitte Sabouraud komponiert selbst und begleitet ihre Chansons mit dem Akkordeon, bei dem Duo *Marc et André* ist es Marc Chevalier, der André Schlesser auf der Gitarre begleitet.

Das Café *La Boule d'Or* an der Place Saint-Michel bildet das Hauptquartier dieses fröhlichen und rebellischen Völkchens, das zum Anarchismus tendiert und bei dem sich jeder kennt und schätzt.

Jeden Mittwoch veranstaltet die Leitung der *Ecluse* ein Vorsingen. 1954 werde ich für eine Woche engagiert. Keinerlei Erinnerung.

Auf Wunsch von Angèle Guller, in Brüssel stellvertretende Leiterin der *Revue des disques* und Produzentin einer überaus wichtigen Radiosendung, *La Vitrine aux chansons,* kehre ich nach Brüssel zurück, um dort ein Programm mit zwanzig Chansons vorzubereiten. Ein wunderbares Programm, wunderbare Autoren, aber ein wenig riskant für eine Anfängerin! …

Mutige Angèle Guller, die mir zu einem Zeitpunkt geholfen und mich unterstützt hat, als ich noch vollkommen unbekannt war. Ihr gesamtes Leben hindurch hat sie Unglaubliches für das Chanson und seine Interpreten geleistet. Sie würde mich in Zukunft noch zu manch anderer Begegnung und Sendung einladen.

Im November 1955 komme ich erneut nach Brüssel. Jo Dekmine verpflichtet mich in seiner *Tour de Babel,* die er an der Grand-Place wieder eröffnet hat. Ich trete dort im Programm der »Frères ennemis« auf.

Anschließend Rückkehr nach Paris. Einige äußerst bescheidene Engagements bis 1956, unter anderem bei *La Rose Rouge,* die bereits im Niedergang begriffen war. *L'Ecluse* verpflichtet mich erneut für zwei Wochen …

1957 werde ich im Cabaret *Chez Moineau,* Rue Guénégaud, engagiert. Monsieur Moineau, das war so einer mit ganz viel Köpfchen, witzig, herzlich, ein hervorragender Verwalter seines »Cabaret-Bistro«, stets mit der Hand auf der Kassenschublade! Vergeblich hatte ich ihn darum gebeten, während meiner Auftritte den Verkauf des selbstgekochten Couscous seiner Frau zu unterbrechen …

Die Moineaus wohnen über ihrem Cabaret-Bistro und vermieten mir eine Zeit lang ein holzvertäfeltes Zimmer. Manchmal klopft Monsieur Moineau vormittags an meine Tür, um mit mir eine Partie *Belote** zu spielen.

Bei *Moineau* besteht das Publikum in erster Linie aus

* Beliebtes französisches, skatähnliches Kartenspiel.

Malern, Fotografen und Eingeweihten. Dort begegne ich dem großen Robert Doisneau, der – um mir zu einem bisschen Geld zu verhelfen – mich für das Titelbild eines Kriminalromans posieren lässt. Wenn ich »posieren« sage, so ist dies sicherlich ein wenig übertrieben, denn in Wahrheit wird nur meine linke Hand erscheinen!

Ein ausnehmend gut aussehender Maler, der nach Mexiko geht, überlässt mir sein Dachappartement in der Rue de Seine. Mit allergrößter Freude beziehe ich diesen wunderbaren Ort. Ich miete ein schwarzes Klavier.

Abends, wenn ich mich zu meinen Auftritten begebe, lasse ich eine kleine Nachttischlampe aus Korbgeflecht brennen, um mir meine Heimkehr mitten in der Nacht ein wenig angenehmer zu gestalten.

Kurzschluss.

Brandschaden.

Alles verbrennt. Die feurige Glut macht gerade vor den Beinen des Klaviers Halt.

Feuerwehr. Wasser. Asche. Kein Bett mehr.

Ich wohne gegenüber, im Hôtel de Seine, wo ich in ängstlicher Erwartung der Rückkehr des schönen Leichtsinnigen harre. Aber bei seiner Rückkehr nimmt mir der Eigentümer der Wohnung überhaupt nichts übel. Niemals fragt er nach den Ursachen des Brandes, noch fordert er irgendeine Entschädigung.

Welch großmütige Seele! Danke, Monsieur …

Von Saint-Michel bis zur Contrescarpe vermehren sich die Cabarets und es wimmelt nur so von Künstlern, die meisten unter ihnen sind Chansonsänger mit eigenen Texten. All diese Orte waren Sprungbretter für zahlreiche Künstler, die ihrerseits wiederum dafür sorgten, den Ruf dieser Cabarets zu festigen oder noch bekannter zu machen.

An der Contrescarpe, im von Léon Tcherniak geleiteten *Cheval d'Or*, hat Anne Sylvestre bereits *Les Cathédrales* verfasst. Suc et Serre, die Stammunterhalter, singen hier ihre eigenen Lieder und begleiten sich auf ihren Instrumenten, Ricet Barrier debütiert dort. Suc begeht Selbstmord, Serre spielt einige Zeit später an der Seite von Jeanne Moreau in dem Film *Jules et Jim*.

Guy Béart, Pierre Perret, Pauline Julien und Jean Ferrat treten im Cabaret *La Colombe* auf.

Im Januar 1958 werde ich erneut in der *Ecluse* engagiert, der Vertrag wird zunächst von Monat zu Monat, dann aber von Jahr zu Jahr verlängert, und das über sechs Jahre!

Sechs Jahre, in denen ich praktisch allen zukünftigen Größen des Chansons begegne.

Ich höre das erste Mal Giani Esposito *Le Clown* singen – der Clown wird viel zu früh die Erde verlassen – und Stéphane Golmann, Chansontexter und -komponist, singt seine *Actualités*, ein Chanson, das Yves Montand später übernehmen wird.

Jacques Dufilho und Jacques Fabbri bereichern *L'Ecluse* um einen surrealistischen Auftritt über die Sprache des Absurden oder die Absurdität der Sprache.

Bip taucht auf, die Figur des Mimen Marcel Marceau.

Sodann Monique Tarbès, Henri Garcin, Romain Bouteille, die das Chanson *L'Echappée belle* erschaffen.

Jean-Roger Caussimon, ein äußerst kreativer Chansonautor, der vor allem für Léo Ferré schrieb, tritt in *L'Ecluse* als Sänger auf.

Bernard Haller aus der Schweiz präsentiert eine stumme Nummer mit einem Ball, den er Eléonore nennt.

Viele Jahre später wird Dick Annegarn, ein schlaksiger Wikinger, dort *La Mouche* singen.

Gribouille, auf der so viele Hoffnungen ruhen, hat gerade *Mathias* geschrieben. Sie ruiniert ihre Gesundheit und geht viel zu früh dahin.

Ankunft von Alex Métayer, einem bissigen Beobachter des Alltags und dann von Komikern, die später alle im Duo auftreten werden: Raymond Devos und Pierre Verbecke, Micha Bayard und Nany Rameau, Serge Sauvion und Pierre Vaneck, die »Frères ennemis«, Dupont und Pondu, Avron und Evrard und noch später Pierre Richard und Victor Lanoux, Philippe Noiret und Jean-Pierre Darras.

Oh, welch Wonnen! Diese lustigen Typen aus der bereichernden und kunterbunten Zeit der *Ecluse*, direkt gegenüber der Seine gelegen, die ruhig an der »Schleuse« entlangfließt, an der wir uns erwarten, miteinander reden, Pläne schmieden und die Spießer von der anderen Seite, der *Rive droite**, verunglimpfen!

Oh, die wunderbaren Nächte, die wundervollen Abendessen, die Paellas in *La Tour de Nesle* oder, für die etwas Begüterteren unter uns, im Restaurant *L'Echaudé*, das von den »alten Hasen« besucht wurde: Hubert Deschamps, Jean Rochefort, Jean-Marie Amato, Bernard Noël …

Wir reden laut und vernehmlich, schwingen liebevolle, aber gleichzeitig auch unverschämte Reden, wir fühlen uns als »Künstler«, als etwas Besonderes, am Rande der Gesellschaft.

Dann sind da auch noch Pia Colombo, Maurice Fanon, Christine Sèvres, Colette Magny-*Melocoton*** mit ihrer

* So wie die *Rive gauche* als Inbegriff der intellektuellen und künstlerischen Freiheit und Unabhängigkeit gilt, steht die Rive droite für Spießertum und traditionelle, konservative Einstellungen.

** *Melocoton*, 1963, der große Chansonerfolg von Colette Magny.

Stimme einer Blues-Sängerin sowie Brigitte Fontaine, die ihrer Zeit schon um etliche Längen voraus ist.

Während sie alle in meiner Erinnerung wieder lebendig werden, höre ich sie und sehe sie wieder vor mir, ich liebe sie wie früher. Ihre Auftritte zähle ich nicht in chronologischer Reihenfolge auf, sondern erwähne sie so, wie sie beim Schreiben aus meiner Erinnerung auftauchen.

Francesca Solleville, eine engagierte Sängerin, mit ihrer schönen vollen Stimme und einem warmen Timbre, dazu ihre weizenbloden Haare. Monique Morelli, umhüllt von ihrem roten Schal, sie singt Aragon.

Meine Güte, was für Plakate waren das![*]

Raymond Lévesque aus Kanada erscheint auf der Bühne, verrückt und verblüffend mit seinen Liedern, zu denen er auf der Ukulele spielt. Er ist wunderbar. Leider ist er bereits dem Alkohol verfallen, der ihn umbringen wird. Er überlässt mir sein Lied *Ah les Voyages*! Eines Abends schenkt er mir ein breites Silberarmband mit eingefassten Amethysten, ein königliches Geschenk, das ich lange tragen werde. Das Lied *Quand les hommes vivront d'amour* stammt von ihm.

Denise Benoit singt *Madame Arthur*, Lucette Raillat *La Môme aux boutons* und Caroline Clerc beweist einen scharfen, bissigen Humor.

Zum ersten Mal höre ich die überragende Agnès Capri und die talentierte Cora Vaucaire.

Später wird Serge Lama hier seine ersten, unerhört schönen Lieder vortragen.

[*] Anspielung auf *L'Affiche rouge*, ein Propagandaplakat des Vichy-Regimes 1944 anlässlich der Hinrichtung von 23 Résistancekämpfern. Louis Aragon schrieb 1955 ein Gedicht mit demselben Titel, Léo Ferré komponierte 1958 die Musik dazu, Monique Morelli sang es.

Ihnen allen habe ich zugehört, jeden Abend, von meiner winzigen Garderobe aus, in der ich ab einundzwanzig Uhr dreißig auf einem Eckchen einer Bank, von dem ich mich praktisch nicht mehr wegbewegte, meiner Auftritte harrte, die ganze Zeit mit großer Angst im Bauch, die bis zum Betreten der Bühne andauerte. Lieber hätte ich mich in Stücke schneiden lassen, als mich von dieser Stelle wegzurühren. Das brachte die großartige Truppe des Marionetten-Künstlers Yves Joly zum Lachen, der auf einem Regalbrett direkt über meinem Kopf liebevoll seine Regenschirme und anderen Requisiten verstaute. Ich muss hinzufügen, dass mit mehr als vier Personen hinter den Kulissen die Bühne übervoll war!

Weiterhin waren dort auch noch ein Waschbecken, ein Spiegel, eine Kleiderstange für die Künstlerkostüme und eine rudimentäre, aber äußerst wirkungsvolle, aus vier Projektoren bestehende »Bühnenbeleuchtung« untergebracht.

Das Publikum der *Ecluse* bestand aus Studenten, Schriftstellern, Poesie- und Chanson-Liebhabern, Schauspielern, auch Politiker gesellten sich dazu, sogar ein zukünftiger Staatschef* wurde dort gesehen.

In der Anfangszeit trat ich als Erste an den Abenden auf, avancierte dann aber nach und nach zum »Star« der *Ecluse*.

Am Ende des Flures diente ein kleines, erhöhtes Podium als Bühne. Dicht vor der Wand, die Seite mit den tieferen Tönen zum Publikum, stand ein braunes Klavier. Da ich seit meiner Handoperation immer noch gehandicapt war, wandte ich während meiner Auftritte von An-

* Vermutlich handelt es sich um François Mitterrand.

fang an dem Publikum die linke Seite zu. Das Klavier der *Ecluse* stand somit goldrichtig für mich. Diese Position des Klaviers zwang mich allerdings dazu, mich beim Singen dem Publikum im Profil zu zeigen, eine gewisse dramaturgische Einschränkung, die mir jedoch eine größere Bewegungsfreiheit erlaubte.

Zu meinem Gesangsrepertoire gehören Brel und Brassens, aber auch Fragson, Paul Marinier, Xanrof, Léo Ferré, Francis Blanche und Pierre Mac Orlan. André Schlesser schreibt für mich einen sehr schönen Text: *Souvenance*. Meinen Auftritt eröffne ich mit einem eigenen Lied, *Chapeau bas*.

Im April 1958 veröffentlicht Henry Magnan, Journalist bei den Zeitungen *Combat* und *Le Canard enchaîné*, einen außerordentlich schönen Artikel über mich, der mir viel Aufmerksamkeit beschert. Im *Canard* erscheint daneben eine Karikatur von Pol Ferjac. Weiterhin schreibt noch Maurice Ciantar im *Combat* über mich.

Beim Singen trage ich einen schwarzen Rock und Pullover. Kurze Zeit später schneidert mir eine »nähende Concierge« auf ihrer alten Singer-Nähmaschine auf meinen Wunsch außerordentlich geschickt eine Jacke aus schwarzem Cordsamt mit einem Stehkragen, der meinen Hals zur Geltung bringt. Dieses erste Bühnenkleid wird für alle weiteren wegweisend sein.

Schwarz ist eine fantastische Farbe, die sowohl die Umrisse verwischt als auch den Körper betont. Zunächst glaubte ich, es sei nicht wichtig, dass man meinen Körper sieht. Doch dann habe ich gelernt, ihn einzusetzen. Trotz meiner Kurzsichtigkeit kann ich auf der Bühne umhergehen – aber auch nur auf der Bühne –, ganz schnell und mit geschlossenen Augen. Außerdem habe ich gelernt, meine Angst beim Betreten der Bühne zu überwinden, indem ich mich zwang, mich ganz langsam zu bewegen, bis ich am Klavier anlangte. Ich habe es gelernt, meinen Elan zu steuern, und während der letzten Jahre auf der Bühne stieß ich sogar schon vorher einen heftigen, kehligen Schrei aus, der meine ganze Energie freisetzte. Was manchen oftmals als Affektiertheit erscheinen mochte, war für mich nur das Resultat eines Lernprozesses an all diesen Abenden, um jedes Mal noch mehr geben und mich immer noch stärker entfalten zu können.

Niemals habe ich auch nur eine Geste wiederholt, nie habe ich vor dem Spiegel geübt, nie mit einem Regisseur gearbeitet, außer für *Lily Passion*. Ich habe nur meinen eigenen Gesetzen gehorcht und bei jedem Auftritt von meinem Publikum, das mir die besondere Energie immer widerspiegelte, gelernt. Ein Publikum, das für mich wie ein Geburtshelfer war. Im Grunde habe ich nur versucht, einen Teil dieser schönen Gesten, die mir mit dieser unermesslichen Liebe entgegengebracht wurden, zurückzugeben.

Die von der Concierge aus der Nachbarschaft der *Ecluse* geschneiderte Jacke aus Cordsamt, der von ihrem Mann stammte, war ein Anfang. Später, viele Jahre danach, traf ich Pierre Cardin. Er hat mir einen herrlichen Rock entworfen, sehr lang, mit einer Schleppe. Aber damals bewegte ich mich noch nicht so sehr. Ich löste mich kaum von meinem Klavier. Doch dann fing mein Körper an zu singen, von den Stimmbändern bis zu den Zehen. Ich musste gehen können, brauchte Bewegungsfreiheit, konnte nicht mehr nur an meinem Klavier sitzen, sondern musste aufrecht stehen können.

Wir wissen nicht, woher die Worte kommen. Wenn du singst, kaust du sie, sie dehnen sich aus, verzerren sich, erschöpfen sich, sie kullern aus dem Hals hervor bis zu den Lippen, fließen in deinen Körper zurück, bis zur Taille hinunter, bis in deine Hüfte, sie zwingen dich, das Bein zu strecken, die Schulter zu neigen, den Rücken zu krümmen, die Lenden wieder aufzurichten, durch die sie sich sodann hindurchschlängeln, um bis in die Beine zu gelangen, wo sie manchmal wie ein starker Schmerz oder eine intensive Freude ausstrahlen.

Mein enger Rock schränkte dieses Bedürfnis nach Bewegungsfreiheit ein. Ich entschied mich folglich für eine Hose (Mine Vergez*), gewährte meinen Beinen, die mich bis zu dieser Zeit nur getragen und in leichten Schlangenlinien vorangebracht hatten, mehr Freiheit, und auf einmal begannen die Worte durch meinen Mund wie auch durch meine Adern, meine Muskeln zu pulsieren, mein ganzer Körper konnte singen, von den Haarwurzeln bis zu den Fingerspitzen, und mein Atemrhythmus vermochte meine Gefühle auszudrücken.

Aufgrund muskulärer Probleme, die mich zu bestimmten Positionen zwangen, hielt ich mich mit dem Hintern auf beweglichen Würfeln, die ich extra hatte anfertigen lassen, aufrecht, was mir erlaubte, mit auseinanderstehenden Beinen vor dem Klavier zu sitzen, und weil ich auf der Bühne ein Korsett trug, um meine Schmerzen zu lindern, fühlte ich mich letzten Endes nur in einer Hose wohl. Sie war das, was ich brauchte, um meinen Körper gut zu spüren, mich nach Belieben bewegen, also besser singen zu können.

So hat sich alles entwickelt und wurde zu meinem ganz eigenen Stil.

* Berühmte Kostümschneiderin, die seit den 1960er Jahren für die großen Revuetheater arbeitete und für Stars wie Barbara die Bühnenkostüme entwarf.

Ganz im Gegenteil zu dem, was man glaubt und was häufig behauptet wird, ist es wesentlich schwieriger in einem kleinen als in einem großen Saal zu singen. In der *Ecluse* ging die Tür direkt auf die lärmende Uferstraße, das Publikum trat auch während der Vorstellungen noch ein. Die in unserer unmittelbaren Nähe, »unter dem Klavier«, sitzenden Zuschauer, konnten sich nicht vorstellen, dass selbst ein Murmeln zu »Krach« werden konnte, wenn man ohne Mikro singt und obendrein noch inmitten einer Rauchwolke. All dies, mag es auch eine gute Schule gewesen sein, ließ die Auftritte manchmal schwierig werden.

André Schlesser, der »Gitan«, ordnete eines Tages an, aus Respekt vor den Künstlern dem Publikum nicht mehr zu gestatten, während der Darbietung einzutreten. Zunächst ein wenig murrend beugte sich das Publikum, aber, diszipliniert, verstand und akzeptierte es die Änderung schnell. Das war gut so.

Im März 1958 kommt Pierre Hiegel, damaliger künstlerischer Leiter von Pathé-Marconi, in die *Ecluse*, um mich anzuhören, und nimmt mit mir meine erste Schallplatte in Frankreich auf. (In Belgien hatte ich bereits eine sehr schlechte Platte aufgenommen, an die ich kaum noch Erinnerungen habe.)

Da ich in der *Ecluse* allabendlich um Mitternacht auftrat, sollte diese Platte den Titel *La Chanteuse de minuit* erhalten. Es handelt sich um eine 45er Aufnahme mit vier Titeln: *L'homme en habit* – Text von P. Delanoé und D. Modugno, Musik von M. Treppiedi und D. Modugno, zum ersten Mal gesungen von Colette Renard –, *La Joconde* von Paul Braffort, *J'ai troqué* und *J'ai tué l'amour*, die ich gemeinsam mit Jean Poissonnier, einem großzügigen und talentierten Mann, der aus einer alteingesessenen Familie des Berry stammte, geschrieben habe.

In der *Ecluse* habe ich ausschließlich Pianistinnen gekannt, unter anderem France Olivia und Darzee, die mich zum ersten Mal zu einem Chanson von Georges Moustaki begleitete, *De Shanghai à Bangkok*, das ich stehend sang.

Es gab noch eine weitere Pianistin, mit einem engelsgleichen Gesicht, Liliane Benelli. Sie komponierte die Musik von *Ce matin-là* und *Ni belle, ni bonne*. Sie starb bei einem Autounfall, dem Serge Lama wie durch ein Wunder entging. Das Chanson *Une petite cantate* habe ich für Liliane geschrieben.

Wie alle Interpreten der damaligen Zeit bin ich auf der Suche nach Chansons über die Liebe, nach witzigen Chansons und satirischen Versen und Refrains. Von Fragson habe ich bereits *Les amis de monsieur* aufgenommen, *Maîtresse d'acteur* von Xanrof, *D'elle à lui* von Paul Marinier. Marcel Cuvelier war damit einverstanden, dass ich *Veuve de guerre* sang.

1959 interpretiere ich *Les boutons dorés* von Maurice Vidalin und Jacques Datin, ein von Jean-Jacques Debout beeindruckend gesungenes Chanson. Jean Poissonnier hat für mich den Text zu *La belle amour* geschrieben.

Auf derselben Schallplatte findet man auch *Les voyages* von Raymond Lévesque und *Souris pas, Toni* von Janete Pico und Christiane Verger.

Die Platte kam im April 1959 bei Pathé-Marconi heraus. Verkauft habe ich davon – vier Exemplare!

Michel Glotz, der Firmenchef, fordert mich – die Zahlen zur Hand – auf, mein Klavierspiel zugunsten einer stärkeren Orchestrierung meiner Chansons zurückzunehmen. Die Antwort ist Nein!

»Wissen Sie, wie viele Platten Sie verkauft haben?«

»Nein.«

»Vier.«

»Das ist nicht viel.«

Meine Zahlen verdrießen mich natürlich, ich bin gezwungen, einzugestehen, dass das wenig ist.

»Wissen Sie, wieviel Tino Rossi verkauft?«

»Nein, warum?«

Michel Glotz versucht mich zu überreden, mich wenigstens ein bisschen den Marktgesetzen zu unterwerfen. Die Antwort ist Nein, Nein, und nochmals Nein.

Dennoch vertraut er mir noch ein weiteres Mal für die nachfolgende Schallplatte, *Barbara à L'Ecluse,* auf der sich unter anderem *Un monsieur me suit dans la rue* von Jean-Paul Le Chanois und J. Besse sowie *Tais-toi Marseille* von Jacques Vidalin und Jacques Datin, das Colette Renard zum ersten Mal sang, befinden.

Eines Abends im April, im Anschluss an meinen Auftritt, kommt Léo Noël ungemein aufgeregt zu mir, um mir zu verkündigen, dass Denise Glaser, damals Produzentin der musikalischen Fernsehsendung *Discorama,* mich zu sprechen wünscht.

Denise Glaser! Ah, Denise Glaser … ein Körper wie Betty Boop, schwindelerregendes Dekolleté, äußerst eng anliegendes Kleid aus weißer Kreppseide mit großen Rankenmustern, ein fast madonnenhaftes Gesicht, eine tiefe Stimme, die fast jeglichem melodischen Schlenker entbehrte, schmachtend wie ein einziger, auf dem Kontrabass vom Bogen lang durchgezogener Ton. Sie glich aufs Haar ihrem Bild aus den Sendungen, die Glaser!

Für diese Begegnung, der viele andere folgen werden und aus der sich eine schöne und dauerhafte Verbindung entwickelt, gewährt sie mir einen Termin bei sich, Rue du Pot-de-Fer. Sie möchte *Les Boutons dorés* aufnehmen.

Mit Leidenschaft hört sie zu. Sie hört zu, hört zu, hört zu, und das Schweigen zwischen der Antwort ihres Gegenübers und ihrer nächsten Frage lässt die Antwort dichter, durchdringender und deutlicher scheinen. Ihr Talent als Fragestellerin und Zuhörerin, die Schönheit der Schwarz-Weiß-Bilder, ausgeleuchtet von André Diot (den ich 1986 bitten werde, die Beleuchtung für die Bühnenvorstellung von *Lily Passion* zu übernehmen), die prachtvolle Gestaltung ihrer Sendungen, die sowohl ihrem eigenen Geschmack als auch der gekonnten Auswahl ihrer Regisseure, nämlich Jean Kerchbron, später Philippe Ducrest und vor allem Raoul Sangla, zu verdanken sind, machten sie und ihre Sendungen zu einem durch nichts zu ersetzenden Termin im Fernsehen. Man braucht sich heute nur noch einmal die Aufzeichnungen anzuschauen, um ihre Qualität und Modernität zu ermessen und sie gleichzeitig zu vermissen.

Jene Ausgabe von *Discorama* war nicht mein allererster Auftritt im Fernsehen. Im Januar 1959 hatte ich in Micheline Sandrels und Colette Mars' Sendung *Au Cabaret ce soir* das Chanson *J'ai troqué* aufgezeichnet, aber die *Discorama*-Sendung war die erste, die für mich von Gewicht war.

Ende 1959 kehre ich in die Rue Vitruve zurück zu meiner Mutter und meinem kleinen Bruder Claude, der inzwischen siebzehn Jahre alt ist. Mein Bruder Jean und meine Schwester Régine wohnen nicht mehr dort, sie haben geheiratet.

Zu jener Zeit fühlte ich mich meinem jüngeren Bruder sehr nah. Unsere Empfindsamkeit und unser Geschmack ähnelten einander. Ich liebte ihn wirklich sehr.

In der Rue Vitruve bricht eine glückliche Zeit an. Ich bin meiner Mutter nahe. Ich singe auf einer Bühne. In der

Ecluse. Ich bin neunundzwanzig Jahre alt. Ich komme voran.

In der Rue Vitruve avanciere ich schnell zum Familienoberhaupt. Ich wünsche zutiefst, meine Mutter möge mit dem Arbeiten aufhören, denn ich weiß, wie erschöpft sie ist.

Ich leiste mir ein schwarzes Klavier im Mietkauf, was bedeutet, dass es nach einiger Zeit mir gehört.

Ein eigenes Klavier!

Er wird wirklich mir gehören, dieser erste schwarze Pleyel Stutzflügel. Er wird mir von Wohnung zu Wohnung folgen, er befindet sich heute noch immer hier, in Précy.

Am Abend des 21. Dezember 1959 bin ich allein in der Wohnung. Der Tag neigt sich seinem Ende zu. Mir geht es gut. Plötzlich vibriert die Klingel des Telefons und zerreißt die Stille.

Eine unbekannte, unsichere Stimme.

»Ihr Vater … Er hatte einen Unfall … Er liegt im Hôpital Saint-Jacques in Nantes und möchte Sie sehen.«

Ich bleibe still.

Die Stimme verstummt.

Ich bleibe zurück mit dem Telefon in der Hand, ganz benommen, ich lege auf …

Genau vor zehn Jahren ist mein Vater gegangen, nie wieder aufgetaucht, nie wieder Neuigkeiten von ihm … jetzt ruft er nach mir?

Wie eine Schlafwandlerin lasse ich mich mit dem Krankenhaus in Nantes verbinden: die Notaufnahme, die Chirurgie, die Unfallstation …

»Wer, was? welcher Name? Ich schaue mal. Nein … welches Datum?«

»Ich weiß nichts darüber.«

»Nein, niemand. Tut mir leid.«

Ein Knacken, man hat aufgelegt.

Ich bin wie festgenagelt, sehe nichts, kann nichts denken. Dann greife ich unwillkürlich zum Hörer, verlange wieder das Krankenhaus.

Dieselbe Stimme:

»Ich verbinde Sie mit dem Leichenschauhaus.«

Es dauert eine Ewigkeit … Ein stechender Schmerz stellt sich in meiner Nierengegend ein.

»Ja«, sagt eine andere Stimme, »Sie sind seine Tochter? Wir haben nach der Familie gesucht, aber ohne Erfolg. Ihr Vater ist vor achtundvierzig Stunden verstorben. Ich gebe Ihnen den Empfang.«

Niemals werde ich erfahren, wie ich es geschafft habe, dass sein Körper nicht seziert wurde.

Als ich wieder zu Bewusstsein gelange, ist alles dunkel, der Telefonhörer hängt herunter, reglos. Ich gehe ins Licht. Meine Bewegungen sind langsam, präzise, schwerfällig. Ich ziehe einen Mantel über, nehme meine Tasche und kritzele für meine Mutter einen Zettel:

Mein Vater ist in Nantes gestorben. Ich fahre hin.

Ich nehme ein Taxi und fahre zum Bahnhof.

Ich steige in einen Zug nach Nantes.

Nantes. Es regnet, ein Taxi bringt mich zum Krankenhaus. Vor seinen Toren nagelt mich derselbe Schmerz auf der Stelle fest.

Ich bleibe dort lange angelehnt stehen, bis jemand kommt und mich fragt, ob ich etwas bräuchte.

Am Empfang höre ich meine eigene Stimme, grau und schneidend wie ein Stahlfaden.

Die Antwort kommt sanft, fast einschmeichelnd:

»Man wird sie in Zimmer C geleiten.«

Eine Melodie, die erst viel später wieder in meine Erinnerung zurückkehren wird, begleitet mich.

Eine kleine, traurige Melodie bis zum Eingang C.

Die Eingangstür C wird größer, verzerrt sich. Das »C« tanzt, schaukelt, ist riesig groß.

Ich klopfe. Eine Nonne öffnet mir.

»Sie kommen spät.«

»Ich wusste es nicht.«

»Bis zur letzten Minute ist sein Geist klar geblieben. Er wollte, dass wir niemanden benachrichtigen, er hat sich von uns nichts sagen lassen. Sprechen Sie mit Schwester Jeanne, sie war es, die ihm in seinen letzten Minuten beigestanden hat … Hier geht es lang.«

Die Tür öffnet sich, gibt den Weg frei in einen winzigen Raum. Er liegt ausgestreckt auf dem Bett, mit unbedecktem Gesicht, so als schliefe er.

Ich betrachte meinen Vater, den ich seit zehn Jahren nicht mehr gesehen habe. Sein Gesicht ist abgemagert, gealtert, von wächserner Blässe.

Ich wende mich zur Schwester, die mit dem Kopf nickt. Ich mache einige Schritte und lege meine Hand auf diese leblose Haut. Ich spreche ein paar abgehackte Sätze, ohne sie zu beenden. Ich fühle, dass man an mir zieht, dass man mich wegreißt, dass man mit mir redet. Ich finde mich sitzend wieder, halte eine heiße Tasse in den Händen, ich trinke.

»Geht es besser?« erkundigt sich die Schwester. Das Schlimmste ist die Trennung.

»Kam ihn niemand besuchen?«

»Doch, Schwester Jeanne wird es Ihnen sagen.«

Schwester Jeanne sagt nichts. Sie hat versprochen, das

Geheimnis des Mannes zu wahren, von dem sie mit Respekt spricht.

Plötzlich erinnere ich mich, dass mein Vater die Schwestern in den Armenhäusern immer sehr mochte und sich ihnen gegenüber damals als äußerst großzügig erwies.

Ich lächele Schwester Jeanne zu.

»Ich verstehe, meine Schwester. Ich danke Ihnen.«

»Ich gebe Ihnen die Adresse von Monsieur Paul, der sein Freund und bis zum Ende dabei war.«

»Vorher wüsste ich noch gerne, wegen der Beerdigung …«

Wieder der Flur, wieder die Treppe, ein winziges Büro. Eine alte Dame mit Brille.

Ich nenne meinen Namen. Die alte Dame mit Brille zieht einen Katalog voller hübsch präsentierter Särge hervor. Eine gestrichelte Linie führt zum Preis.

»Haben Sie gewählt?« fragt die alte Dame mit Brille.

»Der Günstigste …«

»Aber das Holz ist nicht sehr gut. Bei der geringsten Gelegenheit wird es sich mit Wasser vollsaugen.«

»Ich verfüge nur über eine bescheidene Summe«, antworte ich kurz angebunden.

Die alte Dame mit Brille gibt die Rolle der alten, mitfühlenden Dame auf und wird zu einer Vertreterin in Sachen Särge. Wortreich preist sie die jeweilige Qualität, Dauerhaftigkeit, Wetterbeständigkeit usw.

Ich hülle mich in Schweigen, das Gesicht hart und verschlossen.

Die alte Dame beäugt unverhohlen meine Tasche, meine Hände, den silbernen Armreif an meinem Handgelenk. Sie stößt einen vorwurfsvollen Seufzer aus, redet ein wenig von Gott, insistiert nicht mehr weiter.

Die Beerdigung ist für den nächsten Tag, acht Uhr früh, vorgesehen.

»Der Trauerzug wird sich vom Leichenschauhaus in Richtung Kapelle bewegen.«

»Zur Kapelle? Aber mein Vater … Gut, ich werde da sein.«

Ich habe das erforderliche Geld nicht bei mir. Die alte Dame gewährt mir Kredit bis zum darauffolgenden Tag.

Beim Empfang verweigert man mir die Herausgabe des einzigen Gegenstandes, den mein Vater hinterlegt hat: eine mächtige Uhr, die ich nicht kenne. Ich benötige einen Erbschein.

»Gut«, sage ich.

Die Uhr befindet sich vielleicht immer noch dort …

Ein Taxi bringt mich zu der Adresse, die Schwester Jeanne mir gegeben hat. Ein Café, an der Ecke einer Straße gelegen. Ich trete ein. Vier Männer spielen Karten. Einer von ihnen kommt auf mich zu, gibt mir sanft die Hand:

»Sie sind die Tochter von Monseigneur?«

»…«

»Wir mochten Ihren Vater sehr.«

Ein Mann mit Brille nähert sich jetzt ebenfalls, ein wenig aggressiv.

Lange erzählen sie mir von einem außergewöhnlichen Mann, von dem sie überhaupt nichts wissen, außer dass seine Familie ihn verstoßen habe, dass er vier Kinder hatte, die er liebte, besonders die eine Tochter, die singt.

Wovon lebte er? Wo wohnte er?

Manchmal schlief er draußen, morgens jedoch tauchte er wieder auf, ausgesprochen korrekt gekleidet und nahm die endlosen Pokerrunden wieder auf.

Fröhlich, großzügig, ein Schreihals, er glaubte an nichts und niemanden, erhoffte sich nichts mehr.

»Niemals eine Klage«, bestätigt Monsieur Paul.

Dennoch, ein einziges Mal, als er ein wenig zu viel getrunken hatte: »Ich bin zu weit gegangen, für mich ist es aus«, soll er zu Monsieur Paul gesagt haben, der ihm helfen wollte.

Monsieur Paul erzählt, ich höre erschüttert zu, erfahre vom Leben dieses Mannes, den ich nicht gekannt habe und von dem ich trotz allem einige Charakterzüge wiedererkenne.

Ich bereue es, zu spät gekommen zu sein. Ich vergesse all das Böse, was er mir angetan hat, und bin am meisten darüber verzweifelt, dass ich diesem Vater, den ich so verabscheut habe, nicht sagen konnte: »Ich vergebe dir, schlaf ganz ruhig, ich habe es verwunden, denn ich singe!«

Hat er vielleicht lange Zeit hindurch die Erinnerung an sein Vergehen und die Gewissensbisse darüber mit sich herumgeschleppt, überall, wohin er ging?

Ich erfahre, dass die mysteriösen Telefonanrufe, die wir zu Hause erhalten hatten und bei denen stets aufgelegt wurde, ohne ein Wort zu sagen, von ihm kamen.

Die Melodie taucht wieder in meinem Kopf auf.

Monsieur Paul legt eine alte Brieftasche und eine Brille mit zerkratzten Gläsern vor mich hin.

»Wenn ich gewusst hätte … ja, wenn ich gewusst hätte, dass Sie so sind, dann hätte ich Sie vielleicht doch angerufen, mein Kleines.«

Ich beschimpfe ihn, werfe ihm an den Kopf, dass wir es waren, die verlassen wurden, dass meine Mutter durch die Hölle gegangen ist, dass ich selber …

»Ich verstehe …«, sagt Monsieur Paul, der gar nichts verstehen kann, aber der sich großartig verhalten hat.

»Verzeihen Sie. Sie haben es vollkommen richtig gemacht, dass Sie seinen Willen respektiert haben. Ich danke Ihnen. Woran ist er gestorben?«

»Eines Abends, als das Kartenspielen sich etwas hingezogen hatte, wurde er beim Aufstehen plötzlich von einem heftigen, stechenden Schmerz in der Nierengegend befallen.«

Ich vernehme, dass er in jener Nacht bei Monsieur Paul geschlafen hatte, denn er hatte nicht gewusst, wo er hätte hingehen sollen. Morgens hatte er sich geweigert, einen Arzt aufzusuchen, aber da die Schmerzen anhielten, akzeptierte er schließlich, ins Krankenhaus gebracht zu werden. Als man ihn fragte, wo man seine Sachen abholen solle, hatte er lachend erklärt, er habe nur das, was er am Körper trage. Drei Wochen später verstarb er an einem Hirn-Rückenmarkstumor. Er hatte selbst das Morphium verweigert, das ihm sein Ende erleichtert hätte.

Danke, Monsieur Paul!

Wieder in Paris zurück, muss ich das Geld für die Beerdigung auftreiben. Pablo, der Leiter des Cabarets *L'Amiral,* erklärt sich bereit, mir das Geld zu leihen, obwohl er mich kaum kennt.

Danke, Pablo.

Ich eile in die Rue Vitruve und begegne Claude, der vom Tode seines Vaters erfahren hat und mit mir nach Nantes kommen will.

Ich zögere. Er insistiert. Wir brechen zusammen auf.

In Nantes hat der Himmel seine Schleusen geöffnet.

Auf dem Friedhof laufen wir beide Schulter an Schulter. Eine schluchzende Frau spricht zu mir und hält sich an meinem Arm fest. Wer sind diese paar seltsamen Menschen? Pokerspieler?

In dem Friedhofsmatsch verliere ich meine Schuhe, ich weiß nicht genau wie. Mein Vater wird im Sammelgrab bestattet. Es gibt keine Blumen.

Mein Bruder und ich kehren nach Paris zurück. Während der gesamten Rückfahrt befühle ich in meiner Tasche die Hornbrille, armseliges Erbe, an dem ich mich festhalte als wäre es eine wärmende Hand.

Es regnet auf Nantes herunter,
Gib mir deine Hand.
Der Himmel in Nantes
Verursacht meinem Herzen Kummer.

An einem Morgen wie diesem,
Es ist schon recht lange her,
Hatte die Stadt dieses fahle Gesicht,
Als ich aus dem Bahnhof kam.

Nantes war mir völlig unbekannt –
Ich war noch nie dort gewesen.
Es bedurfte dieser Nachricht,
Damit ich diese Reise antrat.[*]

Gare Montparnasse, mein kleiner Bruder Claude ist so erschüttert, dass er sich weigert, in die Rue Vitruve zurückzukehren.

Ich begebe mich dorthin, langsam, allein, verzweifelt.

Ich werde meiner Mutter gegenüberstehen.

Ich würde sie gerne schonen, ihr die Dinge so sanft wie möglich beibringen.

* Auszug aus dem Chansons *Nantes*. Barbara hat es selbst auch auf Deutsch gesungen in einer Übertragung von Walter Brandin.

Ich trete ein, meine Mutter liegt auf dem kleinen Sofa, mit angegriffenem, sorgenvollem Gesichtsausdruck.

»Die Beerdigung … Das war die Beerdigung …«

Ich falle.

Ich erzähle, aber nicht alles, weiß ich doch, dass die scheinbare Gleichgültigkeit meiner Mutter wahrhaften Kummer verbirgt. Aber in manchen Momenten schaffe ich es nicht, meine Aggressivität darüber, dass mir niemand beigestanden hat, zu unterdrücken, und auf einmal sieze ich meine Mutter. Ich spreche mit ihr wie mit einer Fremden, vielleicht, um mit größerem Abstand erzählen zu können. Sie versteht nicht wirklich, was da mit mir los ist. Keine von uns beiden wird diesen Wendepunkt je wieder erwähnen, aber unsere Beziehung wird auf immer verändert sein, ohne dass ich imstande wäre, eindeutig zu erklären, wie es dazu kam.

Ich werde streng gegenüber meiner Mutter, die ich immer so sehr geliebt habe, selbst wenn es mir schwerfiel, sie zu lieben. Sie wiederum lässt mir gegenüber – sie hat mich unbezähmbar genannt – erste schüchterne Anwandlungen einer Mutter, die gerade ihr Kind entdeckt hat, erkennen. Nun wird sie mein geliebtes Kind werden, das ich annehme und immer, so gut ich nur kann, beschützen werde.

Kurz nach der Beerdigung trete ich wieder in der *Ecluse* auf, in der ich eine Zeit lang »schlafwandeln« werde. Wir schreiben den 28. Dezember 1959. Von dem Chanson *Nantes* habe ich bis dahin nicht mehr als die ersten vier Sätze schrieben.

Mehrere Jahre werden vergehen, bis ich mich wieder an dieses Lied heranwage und es weiter bearbeite, nämlich 1963, kurz vor meinem Wechsel zu den *Mardis de la Chanson*, im *Théâtre des Capucines*.

Im Februar 1960 wollen Georges Van Parys, G. Manoir und Albert Willemetz im *Petit-Théâtre de Paris* eine musikalische Pseudo-Komödie auf die Bühne bringen, die sich *Le Jeu des Dames* nennt und an der mich Van Parys mitzuwirken bittet. Léo Noël rät mir, das Angebot anzunehmen, unter der Bedingung, dass ich die *Ecluse* nicht verlasse. Die Aufführungszeiten harmonieren miteinander: Ich werde rechtzeitig zurück sein, um jeden Abend um Mitternacht in der *Ecluse* zu singen. Ich verdoppele mich!

Anlässlich der Generalprobe am Abend des 25. November wird das *Petit-Théâtre de Paris* umgetauft und trägt von nun an den Namen *Théâtre Moderne*.

Von diesem »Werk« bleiben mir keine besonderen Erinnerungen, höchstens die an Georges Van Parys, einen äußerst charmanten Menschen, an Odile Mallet, die damals in dem Stück mitspielte und mit der ich viel gelacht habe; und dass meine Rollen ziemlich lächerlich waren, entweder spielte ich einen Pagen mit weißen Tauben auf der Schulter oder aber einen jungen Mann, der da mit einem blutjungen Mädchen lag, und für das Finale war ich mit einem weiten Blumenrock als Zigeunerin kostümiert. Stellen Sie sich das einmal vor!

Eine andere nette Erinnerung an meine Zeit am *Théâtre Moderne* ist die Begegnung mit Elvire Popesco, damals Leiterin des *Théâtre de Paris*, in dem sie selbst auch auftrat. Eines Abends bestellt sie mich in ihre Garderobe, in die ich über den Flur gelange, der die beiden Theater miteinander verbindet.

»Chérrrie, Monsieur Willemetz beklagt sich ober Ihre Onverschämtheiten!«

»Madame …«

Ich kann meinen Satz nicht beenden.

»Nein, nein, Chérrrie, antworrrte mirrr nicht, aberrr ich bitte dich darrrom, du mosst zu Monsieur Willemetz netterrr sein!«

Ich gelobe Besserung.

Lachend umarmt sie mich ganz fest und expediert mich aus ihrer Garderobe heraus. Ich bin entzückt.

Allzu lange brauchte ich mich nicht anzustrengen, denn kurze Zeit danach wurde das Stück eingestellt.

Just vor dem Abend der letzten Aufführung erhalte ich den *Grand Prix de l'Académie Charles-Cros* für *Barbara chante Brassens*, produziert von der Schallplattenfirma Odéon, bei der ich zwei Jahre unter Vertrag bleibe, bevor sie von CBS übernommen wird.

In der Rue Vitruve ist man mächtig stolz. In der *Ecluse* ebenfalls, und ich bin nicht unzufrieden mit mir, als ich wieder meinen Platz am allerletzten Eckchen der Bank einnehme, unter den Regenschirmen der *Compagnie Yves Joly*!

Zu jener Zeit begegne ich einem jungen Mann von »aristokratischer Schönheit«. Jahre werden vergehen, während derer wir uns nicht sehen, aber wir bleiben die ganze Zeit über verbunden. Dieser bleiche Jüngling mit dem engelsgleichen Gesicht heißt Jacques Higelin, ist verrückt nach Chansons, kennt den ganzen Trenet* auswendig.

* Charles Trenet (1913-2001), Sänger, Dichter und Komponist, schrieb über tausend Chansons. Von den 1930ern bis in die 1970er Jahre war er ein Star, viele seiner Chansons sind zu Welthits geworden.

Und dann, eines Abends, verliebe ich mich unsterblich, bis über beide Ohren, mein Kopf ist vollkommen verdreht, mein Herz entflammt für einen Freund des »Gitan« – alias André Schlesser, die Seele der *Ecluse* –, einen Freund, der ihn nach einigen Jahren der Funkstille wieder besucht.

Da ja im Leben nichts einfach ist, wohnt dieser Freund in Abidjan*, in Afrika. Wichtiger Posten, wichtiger Mann.

Ein erstes Mal singe ich in Abidjan, dann fahre ich wieder ab.

H…** verspricht mir, sehr bald wieder zu mir zu kommen, aber er lässt auf sich warten, warten, warten …

Ende 1960 nehme ich Chansons von Jacques Brel auf.

1961 bittet mich Félix Marten, der in die *Ecluse* gekommen war, um mich zu hören, vom 9. Februar an die Vedette anglaise*** für seinen Auftritt im *Bobino***** zu sein.

Seltsamerweise habe ich an diesen Auftritt im *Bobino* keinerlei Erinnerung, obwohl er ganz gewiss wichtig für mich gewesen sein muss, denn ich überschritt zum ersten Male die Seine. Ich erinnere mich allerdings, dass ich bereits meinen eigenen Klavierhocker mitbrachte. Er wird auf eine ganz bestimmte Höhe, auf 61 Zentimeter, eingestellt, denn ich muss, um singen zu können, ganz aufrecht gegenüber den Tasten sitzen. Dabei immer das so eindringliche Bild des »kleinen Tischtennisballes« im Kopf, das mich die gute Madame Dusséqué in Le Vésinet ge-

* Die Elfenbeinküste mit ihrer Hauptstadt Abidjan war bis 1960 französische Kolonie.

** Hubert Ballay (1928-2013), Mitglied der Résistance, Diplomat, spielte eine wichtige Rolle bei der Entkolonialisierung des französischen Schwarzafrika; Komponist und Geschäftsmann.

*** Der dritte von vier Stargästen im Vorprogramm der Music-Hall-Konzerte.

**** Berühmte, auf der *Rive droite* gelegene Music Hall.

lehrt hatte. Da die Klavierbänke sich niemals auf eine Höhe von 61 Zentimeter einstellen lassen, war mein Klavierhocker der erste Gebrauchsgegenstand, ein »Nomade« sozusagen, der mich in Zukunft immer begleiten würde.

Bei diesem ersten Auftritt im *Bobino* singe ich *La Marche nuptiale* von Brassens, *Les Flamandes* von Brel, *Veuve de guerre* von Cuvelier und *Chapeau bas*, mein eigenes Chanson!

Um *Liberté* von Aznavour zu interpretieren, verspüre ich Lust, von Congas begleitet zu werden. Leider verfüge ich nicht über die Mittel, mir Schlaginstrumente zu leisten, und ich beschließe, mich selbst zu begleiten, indem ich mit meinen Händen auf den Flügeldeckel schlage. Ich glaube, Charles Aznavour hat diese – ein wenig nüchterne – Fassung niemals so wirklich gemocht! Ganz ehrlich, mir hat es gefallen, und wenn es zu wiederholen wäre, sänge ich es wieder ganz genauso. Aber dann würde ich Marc Chantereau oder Mahut bitten, mich zu begleiten!

Für das Chanson *De Shanghai à Bangkok* begleitet mich Darzee am Flügel.

Während der letzten Aufführung setzt sich der sehr gute, aber auch sehr dicke Pianist von Félix Marten, Robert Valentino, auf meinen Klavierhocker, der darunter zerbricht. Ich weiß nicht, wer mir daraufhin einen Zahnarzthocker geschenkt hat. Diesen »Bühnenhocker« werde ich, damit sich die Beleuchtung nicht darin bricht, in mattem Schwarz anmalen und mit schwarzem Samt überziehen lassen. Niemals mehr wird er mich verlassen.

Ein Brief von H…, der für kurze Zeit nach Paris zurückkommt!

Umarmungen.

Tangos.

Gewitter.

Stürmische Leidenschaft.

H… reist wieder ab und bittet mich, eine Zeit lang mit ihm in Abidjan zu leben.

Nach schwierigen Verhandlungen mit der *Ecluse* fliege ich ihm nach.

An diese Reise habe ich eine absolute Bedingung geknüpft: Nicht abhängig sein, sondern arbeiten.

Er weigert sich, schließlich gibt er nach.

Der Zufall bringt es mit sich, dass Jo Attia*, der mich in der *Ecluse* gehört hatte, mich im Juli 1961 in seinem in Abidjan eröffneten Cabaret im Viertel Treichville engagiert.

Abidjan!

Ich habe mich in der Privatvilla von H… niedergelassen. Ich singe im *Refuge* (Zufluchtsort), das seinen Namen zu Recht trägt. Dort sehe ich Gangster aller Kaliber, nette Gauner, Kleinkriminelle wie große Ganoven, durchziehen.

Jo Attia ähnelte ein wenig Monsieur Victor, nur dass er nicht auf der Nordroute verkehrte. Er verfügte über Beziehungen nach ganz oben: Eines Tages zwang er sogar einen Konvoi von Michel Debré** zum Anhalten.

Im *Refuge* brechen manchmal Unwetter herein und manchmal wird mächtig herumgebrüllt. Ich trete zwischen dem Berbertanz Faizas und der Nummer Minouchettes, der Stripteasetänzerin, auf. Mit diesen hübschen

* Jo Attia war von den 1940ern bis in die 1960er Jahre ein bekannter Ganove mit den allerbesten Beziehungen.

** Damals unter Präsident De Gaulle Justizminister der V. Republik.

jungen Frauen verstehe ich mich ausgezeichnet und an den Gewitterabenden ergreife ich ihre Partei!

Nachts wartet H…, die Uhr in der Hand, auf meine Heimkehr. Seine Eifersucht ist krankhaft.

Jede Nacht werde ich mit dem Taxi zurückgebracht. Wenn Emman chauffiert, bitte ich ihn manchmal, langsamer zu fahren.

»Aber der Herr wird ungehalten sein!«

»Fahr langsamer, Emman, fahr langsamer!«

Ich atme den schwülen Duft der Lagune ein.

Manche Abende sind unerträglich. Aristokraten, eitle Gecken, die Frauen mit Kleidern von Dior. Eine 33er-Platte von Vivaldi wird in der Geschwindigkeit einer 45er abgespielt, ohne dass es überhaupt jemand bemerkt, und sie brechen in Entzücken aus!

Die Frauen sind verrückt nach H…, und alle sind sie hübsch.

Ich lasse mich nur äußerst selten an diesen Abenden, die mir zu Ehren gegeben werden, blicken.

»Werden Sie uns wohl etwas vorsingen?«

»Nein, nichts!«

»Das ist aber schade! Wirklich schade …«

Sie flehen H… an, einzugreifen.

Hinter meinen Brillengläsern bohren sich meine Blicke heftigst in die Augen von H…, der einen Moment lang seine Selbstsicherheit angesichts dieser schönen »Diorinnen« verliert.

Verachtung für diese aalglatte, aber alles andere als schöne Welt!

Ich verschwinde und verziehe mich in die Küche.

Mit den zwei Boys von H… fühle ich mich wohl.

Sie besitzen viel Würde, tun so, als würden sie nichts

mitbekommen. Sie haben mir einige ihrer Geheimnisse anvertraut.

Mit Ausnahme der Augenblicke, in denen ich mit H… alleine bin, fühle ich mich in diesem meinem Umfeld niemals wohl. Ich bin wie verloren. Seine Liebe und Leidenschaft haben mir Kopf und Herz verdreht.

Die *Ecluse* schickt ein Telegramm. Ich muss zurück.

Innerlich zerrissen trenne ich mich ein weiteres Mal von ihm.

Im Flugzeug erscheinen mir eine kleine Melodie und vier Sätze … Es ist der Anfang von *Dis, quand reviendras-tu?* …

Wieder in der Rue Vitruve angekommen, schreibe ich und zerreiße alsdann die Seiten meines Schulheftes, wie jedes Mal, wenn ich ein Chanson komponiere. Auf meinem alten Tonbandgerät nimmt *Dis, quand reviendras-tu?* Form an, um sich alsbald zu vollenden.

Nach wie vor kenne ich die Grundbegriffe der Musik nicht und lege in dieser Hinsicht eine beträchtliche Faulheit an den Tag. Und dennoch glaube ich, dass das, was man später als meinen »Stil« bezeichnen wird, diese besondere pianistische Einfärbung, sich der Unkenntnis der Grundbegriffe der Musik, ich würde sogar sagen, der großen Ignoranz verdankt.

Ich nehme meine Gesangsauftritte in der *Ecluse* wieder wahr und singe *Dis, quand reviendras-tu?*, aber ich wage ein Jahr lang nicht zu sagen, dass ich es geschrieben habe. Bis zu diesem Tage hatte ich ausschließlich von Männern komponierte Liebeslieder gesungen. Nun kann ich die Liebe endlich als Frau besingen. Auch wenn diese Lieder vom Gleichen sprechen, dann sagen sie es, je nachdem ob von Mann oder Frau geschrieben, auf jeden Fall auf ganz andere Art und Weise …

Am Telefon lasse ich H… das für ihn geschriebene Chanson anhören.

Er kommt zurück.

Einige Zeit später brechen wir gemeinsam in die Schweiz und nach Italien auf.

Stresa. Wie schön ist der Comer See!

Komm', sieh dir Italien an
*Es ist wie in den Liedern …**

H… ist wie ausgewechselt, verletzlich. Weitab seiner Welt mit diesen aufgetakelten Figuren kommen ihm Zweifel. Er macht mich über alles glücklich, verlangt aber, dass ich meine Liebe zu ihm unter Beweis stelle, indem ich ihm verspreche, auf unserer ganzen Reise kein Klavier mehr anzurühren.

Ich verspreche es.

Wir kommen nach Paris zurück. Bevor er nach Abidjan zurückkehrt, möchte er für mich eine Wohnung finden.

Als wir uns für einige Tage auf der Durchreise in einem Pariser Hotel in der Rue Jacob aufhalten, bemerke ich bei unserer Ankunft unten im Salon ein Klavier. Am nächsten Morgen, während sich H… noch in unserem Zimmer befindet, gehe ich hinunter. Ich öffne das Klavier, das nach Kleber und den alten Filzhämmern riecht. Gierig stürze ich mich auf die Tastatur.

H… taucht plötzlich auf.

In diesem Moment verliere ich ihn. Er verliert mich.

Ein Tag wie die Hölle.

* Zeilen aus dem Chanson *Gare de Lyon*.

Am darauffolgenden Tag wieder Sonnenschein; aber ungewiss, so ungewiss …

H… findet eine Wohnung in der Nähe des Pont Mirabeau, Rue de Rémusat. Wir besichtigen sie. Ja! Ja!

Er bringt mich in der Rue de Rémusat unter. Wie eine Tänzerin!

Ich verlasse die Rue Vitruve ganz behutsam mit meinem Klavier, meinem Tonbandgerät und dem einzigen Koffer, mit dem ich bis zu diesem Zeitpunkt gelebt habe und den ich in Zukunft nicht mehr unaufhörlich werde packen müssen.

Ich habe eine Wohnung!

Ich »klimpere« mit meinem Schlüsselbund.

H… bricht wieder auf und überlässt mir die Einrichtung, bei der mich mein Freund Michel Souillac, Antiquitätenhändler mit einem genialen Riecher für Funde auf Trödelmärkten, unterstützt. Ihm verdanke ich die Entdeckung der Versteigerungsräume von Drouot*.

Jeden Morgen nimmt er mich in aller Frühe dorthin mit, und wir lustwandeln inmitten der »roten Kragen«**, der herumstehenden Kisten, aus denen das Stroh hervorquillt, und den Weidenkörben mit den Warenposten. Hier begegnete ich eines Morgens dieser Frau, die mich so sehr erschütterte und für die ich später das Chanson *Drouot* schrieb.

Den blitzschnellen graublauen Augen Michel Souillacs entgeht nichts, er findet für mich wunderschöne, mit Perlen verzierte Handtaschen aus dem Jahr 1925, alte Pom-

* Das Hôtel Drouot ist ein großes Auktionshaus im 9. Arrondissement, in dem seit 1852 Kunstwerke, Schmuck, Antiquitäten, Bücher, Luxusbekleidung und andere Luxusartikel versteigert werden.

** Bezeichnung für die Mitarbeiter im Hôtel Drouot aufgrund ihrer Uniform mit schwarzer Jacke und rotem Kragen.

pon-Halsketten, silberne Puderdosen, Fächer, lauter Besonderheiten!

Die Wohnung im siebten Stock in der Rue de Rémusat mit ihrer großen Tür zur Terrasse wird zu einem nachtblauen und graublauen, dann beigen, goldfarbenen und dann noch einmal nachtblauen Zimmer.

Der Flügel erhält einen Platz ganz für sich allein.

Was für ein Luxus! Ich habe mich niedergelassen!

Ich habe unzählige Parfums, Schuhe, Handschuhe, Silberarmbänder, aus Spitzen gefertigte Objekte.

Jeden Tag rufe ich meine Mutter an.

Ich erinnere mich nicht mehr daran, wie eines Tages der schwarze Schaukelstuhl in die Rue de Rémusat gelangte. Aber sofort mache ich es mir darin bequem, rolle mich zusammen, fühle mich dort wohl. Vom Schaukeln beruhigt, betrachte ich den blauen Himmel. Später werde ich ihn zu einer Generalprobe, bei der ich vor Angst sterbe, auf die Bühne mitnehmen, um etwas aus der Rue de Rémusat bei mir zu haben, das mich beruhigt. Von diesem Augenblick an wird er mich auf allen meinen Reisen begleiten. Auf allen Bühnen wird er »singen«. Um ihn zu bewegen, gebe ich mit meinen Absätzen Schwung, dann dreht er sich und bewegt sich durch die Drehung vorwärts. Er wird zu einer »Luftblase« werden, die es mir erlaubt, mich schnell zu bewegen und genau da hinzugelangen, wo ich auf der Bühne sein möchte, gegenüber vom Publikum.

Als ich von einem Krankenhausaufenthalt in die Rue de Rémusat heimkomme, bedeutet dies für mich, wieder in die Welt zurückzukehren, nachdem ich in einem klebrigen Wasser feststeckte, in dem dicke, riesige Weichtiere leben, denen man sonst nur in Albträumen begegnet. Das bedeutet, erneut gehen zu lernen, Guten Tag zu sagen.

Die Gesichter werden nun wieder deutlich, das Zimmer schwankt nicht mehr. Es ist, als käme man aus einer Welt, in der alles im Zeitlupentempo abläuft, wo man alles doppelt sieht, als käme man aus trübem Wasser, in dem man versunken war. Am Grund stoße ich mich heftig ab, um wieder an die Oberfläche zu gelangen und atmen zu können.

Leben, ich will mit derselben Ungestümheit leben, mit der ich manchmal sterben wollte, ohne wirklich zu sterben, die Nacht erreichen, um darin gut einzuschlafen.

Rémusat, mein Rémusat, mein Haus der Sonne und des Schnees, ah, dich endlich nach dieser schmerzensreichen Abwesenheit wiederzufinden …

Das Glück, das ich empfinde, als ich die Tür öffne, sofort den Flügel erblicke …

Und dieser Duft nach Pfeffer … Rémusat, der blaue Halbschatten meines blauen Zimmers, Garten so vieler stürmischer und zärtlicher Liebschaften.

Wir schreiben das Jahr 1962. In der Rue de Rémusat verspüre ich den Wunsch, das Bedürfnis zu schreiben.

Bisher habe ich nur zwei Chansons geschrieben, aber ich fühle, wie sich in mir die Worte bewegen und strampeln. Sie wollen heraus, die Worte. Sie zappeln, vermischen sich, verbinden sich miteinander, um das zu sagen, was ich noch nicht auszudrücken im Stande bin. Sie werden durchsickern, aus meinen Venen hervorquellen und emporschießen.

Sie machen mir Angst, und gleichzeitig bezaubern sie mich. Ich begreife nicht, woher sie kommen, auch nicht diesen fieberhaften Zustand, in dem ich mich befinde, sobald sie über mich kommen.

Ich hatte schon Schwierigkeiten, die Worte in den Büchern zu verstehen, sie zu behalten. In der Rue Vitruve las ich viel, las ich immer alles noch einmal in einem Zug, wie im Rausch: *Die Damen mit den grünen Hüten, Wendekreis des Krebses, Der Vicomte von Bragelonne, Vom Winde verweht, Die Zitadelle* von A.J. Cronin …

Zu meinem siebzehnten Geburtstag hat mir meine Mutter *Das Bildnis des Dorian Gray* von Oscar Wilde geschenkt. Dieses Geschenk hatte mich verzaubert, und, da es von ihr kam, zutiefst bewegt. Da machte es zum ersten Mal klick.

Während ich noch in der Rue Vitruve lebte, hatte ich einen griechischen Studenten kennengelernt, der eine starke und faszinierende Persönlichkeit war und der Kriminologie studierte. Durch ihn lernte ich Autoren wie André Breton, Majakowski, Louis Aragon, Paul Eluard, Queneau und Desnos kennen. Ich spazierte mit den Büchern, die er mir geschenkt hatte, herum, öffnete sie, berührte sie, als wollte ich die Worte streicheln. Ich begab mich ins Quartier Latin und suchte die alten Buchhandlungen in der Rue Monsieur-le-Prince oder in der Rue de l'Odéon auf, in denen die Gerüche und der Staub von Zauberbüchern, ledernen Buchrücken mit eingestanzter Goldschrift, vergilbten, mit Stockflecken übersäten Seiten herumwaberten. Ich liebte es, mich allein in dem Halbdunkel dieser Orte zu vergessen, die Worte zu erschnuppern, sie mir auf der Zunge zergehen zu lassen. Ich kletterte auf die Holzleitern, bewegte die Schiebetüren. Die Bücher schüchterten mich ein, rührten mich zutiefst, brachten mich zum Träumen …

Bald begann ich Genet, Jouve, Proust, Maurice Sachs, Baudelaire, Max Jacob und Colette zu lesen. Später *Les Illuminations* von Rimbaud, sodann Georges Bataille und Céline.

Es schien mir, als behielte ich nichts von dem, was ich las. Gierig verschlang ich Worte, Seiten, Räume. Ich begegnete legendären Personen, durchreiste Jahrhunderte, wurde von den Wirbeln des Wahnsinns, des Phantastischen und des Entsetzens mitgerissen, von den Tiefen dieser rabenschwarzen Nächte verschluckt. Und dann habe ich auf einmal aufgehört zu lesen.

Ich habe nicht mehr gelesen.

Nichts, überhaupt nichts mehr!

Ich habe vergessen, dass ich einstmals gelesen hatte.

Vergessen.

In Wahrheit haben sich die Worte, anstatt in meinem visuellen Gedächtnis haften zu bleiben, in meinem Tastsinn zusammengedrängt und sind miteinander verwachsen, und heute weiß ich, dass es diese Worte sind, die in meinen Fingerspitzen kribbeln, die versuchen, aus meinen Fingerspitzen, aus meinem ganzen Körper herauszusprudeln.

Beim Singen empfinde ich abermals dieses Gefühl der einst hinuntergeschluckten, verschluckten, verschlungenen Wörter, die schmerzhaft wieder in meiner Kehle aufsteigen, bevor ich sie ungestüm oder sanft in einem Chanson ausatme. So wie es in *Lily Passion* erklärt wird:

> *Und die Worte, die aus meiner Kehle kommen, die kenne ich nicht: Worte, die man dorthin gesteckt hat, Worte, die mir weh tun und an denen ich ersticke. Also schreie ich sie heraus, ich spucke sie aus, damit ich atmen, damit ich leben kann …*

Das ist genau das, was an jenem Tag in der Rue de Rémusat passiert: Die Worte drängeln sich in meine Fingerspitzen, ich habe Lust zu schreiben!

Ich glaube, in jenem Moment beginne ich mit *Le Temps du lilas*:

Sie hat sich davon gemacht, die Zeit des Flieders,
Die Zeit der geschenkten Rosen,
Die Zeit der Liebesschwüre,
Die Zeit des »Für immer, für immer«
Sie hat mich dort stehengelassen, adieu Berthe.
Wenn du sie siehst, bring' sie mir zurück,
Die schöne Zeit des Flieders.

Bevor sie mich verlassen hat, mich da einfach stehenließ,
Möchte ich willkommen geheißen werden, adieu, Berthe,
Mach' dir keine Sorgen, ich habe sie ausgekostet,
*Die schöne Zeit des Flieders …**

Und noch immer H…s Kommen und Gehen …

Er kommt wieder, er reist wieder ab.

Er hört mich trällern und schlägt mir vor, endgültig zurückzukommen, wenn ich mit dem Singen aufhöre.

Eifersüchtig. Besitzergreifend. Furchtbar.

Er kämpft gegen ein Klavier, gegen Chansons, gegen ein nicht besonders zahlreiches Publikum, das aber bereits mein Lebensinhalt ist!

Nein, Nein und nochmals Nein!

Also endgültige Trennung.

Riss.

Rémusat sonnig und eisig.

Rémusat aschgrau …

Rémusat, eingerichtet für nur eine einzige Liebe, die aber zu spät zurückkehrt, als ich es nicht länger zu ertra-

* Auszug aus dem Chanson *Le temps du lilas*.

gen vermag nach all dem Leiden, zu vielem Leiden in der Zeit der Liebe.

Von nun an bin ich allein: Nichts mehr wird mich von meinem Weg abbringen können, so wie ich ihn schon immer vorausgeahnt habe. Nichts, leider auch niemand, auch kein Mann mehr, auch keine einzige Liebe. Sicherlich, Männer und Liebschaften, aber das ist etwas ganz anderes.

Ich hätte es gerne gewollt, aber ich hatte weder das Talent, zu zweit zu leben, noch jemals ein so großes Verlangen, dass ich für einen einzigen Mann alles aufgegeben hätte.

Indem ich es hinnehme, H… zu verlieren, bin ich unabwendbar meiner Bestimmung gefolgt und habe mich für diese Schönheit entschieden: für das Leben einer Frau, die singt.

Meine Mutter kommt zu mir in die Rue de Rémusat. Beide sind wir glücklich, uns wiederzufinden. Sie bezieht ein Zimmer für sich. Claude kommt oft zu ihr.

Von Zeit zu Zeit breche ich zu Galaveranstaltungen auf. Ich habe immer noch keinen Agenten.

Im Mai 1962 nehme ich *Le Temps du lilas, Tu ne te souviendras pas* und *Dis, quand reviendras-tu?*, auf und Jean Poissonnier schreibt für mich einen sehr schönen Text mit dem Titel *Le Verger en Lorraine*. Mit der Instrumentierung dieser Platte betraue ich François Rauber, der mit Jacques Brel arbeitet und für mich wunderbare Streicherpassagen komponiert.

Immer noch trete ich in der *Ecluse* auf, von der ich mich gern verabschieden würde. Léo Noël, Marc Chevalier, André Schlesser und Brigitte Sabouraud akzeptieren, dass ich im Frühjahr 1964 gehe. Zu diesem Zeitpunkt habe ich einige vereinzelte Engagements.

Nounou zieht in der Rue de Rémusat ein: eine fröhliche, klassische Schönheit aus Martinique. Sie sucht Arbeit, und ich stelle sie gleich ein. Sieben Jahre wird sie bei mir bleiben. Tage der Schönheit, Tage des Schmerzes, Tage der Wut. Sie hat die Fähigkeit, meine Stimmungen, mein Schweigen zu lesen. Sie lehnt es ab, dass ich meine Sachen verleihe oder verschenke, und sie ist davon überzeugt, dass man Puppen mit meinem Aussehen mit Nadeln durchbohren würde, um mir Böses anzutun. Sie behauptet, am frühen Morgen flögen auf Besen reitende Hexen herum:

»Doch, doch, Herrin, ich versichere es dir!«

Warum nicht!

Wenn ich von einer Galaaufführung heimkehre, sind sie manchmal zu zehnt in meiner Küche, alles Cousins.

»Nounou, ich bin so müde!«

Sie zieht mir die Schuhe aus. Zu zehnt machen sie mir einen Kräutertee, bringen mich ins Bett, sorgen für Ruhe und schließen die Tür.

Im nachtblauen Zimmer schlafe ich endlich ein.

Eine außerordentlich wichtige Begegnung mit dem Maler Luc Simon, durch den ich die Malerei entdecke.

Ich schreibe *Attendez que ma joie revienne* und *Ce matin-là*.

Im April 1963 werde ich im Cabaret *La Tête de l'Art* im Programm von Raymond Devos engagiert.

Eines Abends begegne ich in *La Tête de l'Art* Claude Dejacques, von dem ich schon viel gehört habe. Er ist der künstlerische Leiter bei Philips. Wir werden uns immer wieder sehen, um Ideen auszutauschen. Er will mit mir eine Platte herausbringen und ich verspüre eine unbändige Lust, mit ihm zu arbeiten. Es ist das erste Mal, dass mich jemand vom Fach wirklich anhört.

Gilbert Sommier hat soeben im *Théâtre des Capucines* die *Mardis de la Chanson* eröffnet. Er bittet mich darum, an allen Dienstagen im November bei ihm aufzutreten und die Schirmherrschaft für das Programm zu übernehmen. Ich habe immer einen Horror davor gehabt, für jemanden oder etwas die Patenschaft oder Schirmherrschaft zu übernehmen, auf jeden Fall kann ich diesen Ausdruck nicht ausstehen! Also, wesentlich einfacher, ich arbeite gemeinsam mit Gilbert Sommier die Programme für meine Dienstage aus. Ich werde dazu Monique Tarbès, Bayard et Rameau, Gil Baladou und ebenfalls Darras et Noiret einladen.

Ich treffe mich weiterhin mit Claude Dejacques. Er besucht mich in der Rue de Rémusat. Ich verrate ihm, dass ich einige Chansons anderen Interpreten anvertrauen möchte. Er rät mir davon ab. Dennoch schlage ich Yves Montand, der im *Théâtre de L'Etoile* singt, für *Le Temps du lilas* und Colette Renard für *Dis, quand reviendras-tu?* vor. Beide lehnen dankend ab.

Dejacques ist froh darüber und ich letzten Endes auch!

Claude Dejacques wohnt allen Aufführungen der *Mardis de la Chanson* bei. Da ich nur sehr wenig vom Fach verstehe, habe ich große Schwierigkeiten, alles nachzuvollziehen, das heißt zu begreifen, warum er nicht mein künstlerischer Leiter bei CBS, bei denen ich unter Vertrag stehe, sein kann, obwohl wir beide doch Lust haben, gemeinsam diese Platte aufzunehmen. Lachend erklärt er mir, dass er bei Philips unter Vertrag steht und dass ich diese Frage Louis Hazan stellen müsse, dem damaligen Produktionsleiter bei CBS.

Gut, wir werden sehen.

Meine Brüder, meine Schwester und meine Mutter haben zum ersten Mal eingewilligt, gemeinsam zu diesem ersten Dienstag im November zu kommen, was mich glücklich macht und gleichzeitig stark beeindruckt.

Den Tag davor, den der Generalprobe, fülle ich sämtliche Seiten eines Heftes mit Worten, und diese Seiten enden alle zerknüllt, zerrissen, weggeschmissen. Aber durch die Mühen hindurch, die ich beim Schreiben habe, fühle ich, dass *Nantes* kurz vor seiner Vollendung steht.

Tatsächlich singe ich es am nächsten Abend, auf dem Kontrabass begleitet von dem genialen François Rabbath. Ich bin so sehr davon ergriffen, meine Familie im Publikum zu wissen, dass François mehrfach die Einleitung spielen muss, bevor ich in der Lage bin zu singen.

Ich singe *Nantes*. Meine Mutter findet das Lied sehr schön. An jenem Abend sind viele Fachleute im Saal anwesend, unter anderem Louis Hazan, Denise Glaser und Michèle Arnaud.

Eine heimliche Aufzeichnung dieses Abends wird unter der Hand verkauft. Auf ihr existiert eine Version des Chansons *Nantes*, die es nur an diesem Abend gab. Diese Platte befindet sich nicht in meinem Besitz.

Am nächsten Tag spricht man mit mir sehr viel über dieses Lied.

Lange Zeit hindurch wird es Verwirrung stiften. Oft glaubte man, ich sei gebürtig aus Nantes! Nein, ich stamme ganz und gar nicht aus Nantes!

Ich weiß nicht, warum mein Vater sich diese schöne Stadt aussuchte, um dort sein Leben zu beenden.

Später, wenn ich auf Tournee bin und mich auf hundert Kilometer der Loiremündung nähere, habe ich das Gefühl zu ersticken. Es wird lange dauern, bis ich diese Stadt ruhig betreten kann. Jedes Mal gehe ich heimlich auf den Friedhof und lege dort Blumen nieder.

Erst später, viel später, werde ich den Journalisten die Wahrheit über den Ursprung der Geschichte von *Nantes* erzählen.

Im *Théâtre des Capucines* begegne ich Louis Hazan. Es ist ein wichtiges Treffen, intensiv, entscheidend. Welch ein Geschäftsmann! Und so intelligent, witzig, hinreißend. Viele Leute hatten mir das Schlimmste über ihn erzählt. Häufig habe ich letztlich diejenigen gemocht, über die man mir vorher das Schlimmste erzählt hatte.

Gleich nachdem ich das Büro Louis Hazans betreten hatte, bat ich ihn darum, Claude Dejacques die Genehmigung zu erteilen, mit mir bei CBS zu arbeiten, bei denen ich gerade eine 45er Schallplatte mit *Nantes, J'entends sonner les clairons, Dis, quand reviendras-tu?* und *Le Temps du lilas* mit François Rabbath aufgenommen habe.

Er ist vollkommen geplättet, dieser Louis Hazan.

Er lacht, und ich verstehe nicht, warum.

Er sagt mir, so etwas habe er noch nie gehört. Er schlägt mir einen Vertrag bei Philips vor und sagt mir, so sei das alles viel einfacher!

»Gut, dann werde ich CBS bitten, meinen Vertrag aufzulösen.«

Hazan lacht noch immer.

»Die werden Ihnen niemals Ihre Freiheit wiedergeben.«

»Das werden sie!«

Ich habe Louis Hazan gewaltig überrascht. Zu Beginn des Jahres 1964 bin ich, stolz wie ein Eisvogel mit seiner Beute, zurückgekommen, mit meinem aufgelösten Vertrag, und ich hatte obendrein als Zugabe die Genehmigung in der Tasche, *Dis, quand reviendras-tu?* und

Nantes wieder aufzunehmen. Beides sollte nun erneut bei Philips wieder eingespielt werden.

Sozusagen als Neujahrsgeschenk unterbreitet mir Louis Hazan einen unterschriftsreifen Vertrag, in den ich eine besondere Klausel aufnehmen lasse, die besagt, dass Claude Dejacques, und nur er allein, mein künstlerischer Leiter sein wird.

Ich unterzeichne den Vertrag, fast ohne ihn gelesen zu haben, und verziere ihn mit einem kleinem Boot, einem Vogel und einer Sonne. Claude Dejacques unterschreibt ihn seinerseits.

Endlich kann ich mit ihm arbeiten!

Louis Hazan läßt uns, ohne jeglichen Druck, die Zeit, die wir brauchen, um die Platte *Barbara chante Barbara* zu verwirklichen, und erweist sich dabei stets als kluger Zuhörer.

Die Worte schreiben sich wieder wie von selbst. *A mourir pour mourir* entsteht aus dem Rhythmus der Musik. Und eines Nachts höre ich im Schlaf deutlich die Worte und die Musik von *Petit bois de Saint-Amand*. Ich träume, ich nähme es auf meinem Tonbandgerät auf. Am darauffolgenden Tag ist – zu meiner riesigen Verblüffung – *Petit bois de Saint-Amand* fast fertig komponiert.

Und dann kommen die Worte nicht mehr. Zappeln nicht mehr. Wollen nicht mehr raus.

Wo sind sie denn hin, meine Worte?

Wenn sich die Dinge schlecht entwickeln, beruhigt mich Louis Hazan, indem er mir sagt, früher oder später hätten alle Künstler »diese Krankheit«. Er hat Recht!

Claude Dejacques ist ein überragender künstlerischer Leiter und hat mir bei dieser ersten Schallplatte als Chansonautorin viel geholfen. Er hat sofort begriffen, dass ich außerhalb der Normen und jenseits aller Regeln arbeite. Er besaß das Feingefühl, den Humor, die Gabe des Zuhörens, die richtige Distanz. Er war ein echter Talententdecker, er verstand es, die »Wand« zu sein, gegen die ein Künstler seine Überfülle an Ideen und seine Ängste gleichsam wie Bälle spielt.

Mit Claude Dejacques entdecke ich die aufregende Arbeit im Studio, die Jongleurarbeit des Toningenieurs. Noch spiele ich nicht mit den Knöpfen am Mischpult herum, aber das wird nicht mehr lange dauern! Die Töne faszinieren mich, und ich entdecke das Spektrum meiner eigenen Stimme. Auf diese Weise habe ich gelernt, dass die Emotion und das Lachen sich manchmal am Ende des Atmens befinden, und ich werde immer darüber wachen, dass der Ton nicht steril herüberkommt, sondern dass die Modulationen und die Intonationen meiner Stimme und meine Atmung respektiert werden, denn sie sind das Leben selbst. Wie oft habe ich dafür gekämpft!

Als der Moment nahte, um die Plattenhülle zu gestalten, gefiel mir nicht ein einziger Entwurf. Luc Simon stellte mir den großen Pierre Faucheux vor. Er war derjenige, der die Hülle dieser ersten, bei Philips produzierten Platte schuf. Das Chanson *Pierre* und das Saxophon Michel Portals trugen maßgeblich zu ihrem Erfolg bei. Im Studio Blanqui, in dem ich *Pierre* aufnahm, hörte Michel Portal die Melodie und improvisierte auf der Stelle eine Phrase, die sich niemals wieder verändern sollte, so wie sämtliche von Michel Portal improvisierten Phrasen sich nie wieder änderten. Später wurden sie am Akkordeon von Roland Romanelli wiederaufgenommen.

Zur Geschichte dieser Platte gehört noch der Gitarrist Elek Bacsik, der mich nicht zum ersten Mal begleitete und mit dem ich gern wesentlich länger zusammengearbeitet hätte. Und Françoise Lo muss noch erwähnt werden, mit der ich bald zusammenarbeiten werde und die mir den Text von *Sans bagages* geschrieben hat.

Letzten Endes brauchten wir mit Claude Dejacques acht Monate, um diese Platte fertigzustellen, die im September 1964 endlich erschien.

Zu Beginn des Jahres 1964 stattet mir Gunther Klein, der Leiter des Jungen Theaters in Göttingen, in der *Ecluse* einen Besuch ab, um mich zu engagieren. Ich lehne ab. In Deutschland zu singen kommt für mich nicht in Frage.

Gunther lässt nicht locker, beschreibt sein hundert Plätze zählendes Theater, erzählt von den Studenten.

»Aber wer kennt mich schon in Göttingen?«

»Die Studenten kennen Sie!«

»Ich möchte nicht nach Deutschland fahren.«

Dennoch bitte ich um einen Tag Bedenkzeit.

Am nächsten Tag entscheide ich mich urplötzlich, Gunther zuzusagen, allerdings unter einer Bedingung: Ich muss auf einem schwarzen Salonflügel spielen können. Gunther willigt ein, dann also im Juli.

Der Tag, an dem ich die *Ecluse* verlassen werde, nähert sich.

Die Zeit ist gekommen.

Ich verlasse endgültig die *Ecluse.*

Ich habe mich dort wohlgefühlt. Ich habe dort viel gelernt.

Den siebzig Zuschauern aus der *Ecluse* verdanke ich es, eines Tages im Kuppelzelt an der Porte de Pantin* auftre-

* Das Kuppelzelt an der Porte de Pantin im 19. Arrondissement diente ursprünglich als Zirkuszelt und wurde u.a. auf Barbaras Engagement hin zum Theater und zur Konzerthalle umgebaut und genutzt. An seiner Stelle entstand 1983 das *Zénith,* das heute mit ca. 6000 Plätzen die wichtigste Konzerthalle Frankreichs ist.

ten zu können, das auf den 3000 Plätzen vollbesetzt sein wird.

André Schlesser, »Dadé« oder »Le Gitan« genannt, ist für mich die Seele der *Ecluse* gewesen. Und hier, an der Porte de Pantin, habe ich eines Abends erfahren, dass er von uns gegangen ist. Er hatte seinen schlimmen Gesundheitszustand geheim gehalten, um die zu schonen, die ihn liebten.

Aber an diesem Tage im Jahr 1964 spüre ich, dass ich fortgehen muss. Der Quai des Grands-Augustins rückt in immer größere Ferne. Ich bin wieder unterwegs.

Im Juli des Jahres 1964 breche ich also nach Göttingen auf. Allein und bereits wütend über meine Zusage, in Deutschland zu singen.

Gunther Klein erwartet mich am Bahnhof. Er ist noch immer voller Begeisterung. Er will mich überreden, mir vor unserer Fahrt zum Theater die zu dieser Jahreszeit so schöne Stadt zu zeigen. Ich aber schließe die Augen. Ich will nichts sehen. Ich bitte ihn, mich sofort zur Bühne zu bringen, auf der ich noch am selben Abend auftreten soll.

Ein riesiges, altes, mit zwei silbernen Kerzenhaltern versehenes Klavier thront auf der kleinen Bühne des Jungen Theaters. Als ich mich diesem Koloss gegenüber auf meinen auf 61 Zentimeter eingestellten Klavierhocker setze, vermag ich nur einen kleinen Teil des Saales zu erkennen. Vergeblich versuche ich mit Gunther, dieses so schwere Klavier zu bewegen. Keine Möglichkeit, das Publikum zu sehen, genausowenig, von ihm gesehen zu werden. Dabei hatte Gunther sich sogar bemüht, einen Zahnarzthocker aufzutreiben, den er selbst zu diesem Zweck angestrichen hat, wie er mir erzählt. Er weist darauf hin, dass er mich in der *Ecluse* auch an einem Klavier singen gesehen hat.

»Ja, aber es stand anders. Und außerdem habe ich meinen Auftritt an eine Bedingung geknüpft: ein schwarzer Salonflügel. Sie hatten ihn mir zugesagt.«

Ich erkläre ihm, dass es für mich unmöglich ist, zu singen und mich dabei an diesem Klavier zu begleiten.

Gunther ist zutiefst betrübt, antwortet mir allerdings, dass ich mich wohl oder übel damit zufrieden geben müsse.

»Nein!«

Ich setze mich in die erste Reihe in den Saal und wiederhole noch einmal, dass ich von hier nicht weichen werde, solange ich nicht den mir in Paris versprochenen schwarzen Konzertflügel sehe. Es handelt sich dabei durchaus nicht um eine Laune, sondern um eine absolute Unmöglichkeit.

Gunther schaut mich an, und ich habe den Eindruck, dass er immer verzweifelter wird. Er setzt sich zu mir und erklärt mir, dass es seit dem Vorabend in Göttingen einen Streik der Klaviertransporteure gäbe.

»Einen Streik der Klaviertransporteure?«

Das ändert alles. Mein Zorn verwandelt sich in Traurigkeit.

Plötzlich verschwindet Gunther und kommt mit zehn fröhlichen Studenten zurück, die allesamt sehr gut Französisch sprechen. Einer von ihnen kennt eine alte Dame, die sicherlich bereit wäre, ihren Konzertflügel zur Verfügung zu stellen. Die zehn Jungen bieten sich an, ihn herzuschleppen.

All das kostet viel Zeit und löst bei mir große Angst aus.

Da der Beginn der Veranstaltung für 20.30 Uhr vorgesehen war, erklärt Gunther dem überraschten Publikum den Grund der Verspätung. Die Zuschauer entscheiden sich jedoch auszuharren.

Ich werde immer niedergeschlagener, habe immer größere Angst. Ich fühle mich schlecht, weit weg von allem, was mir vertraut ist. Ich konnte noch nicht einmal proben.

Um 22 Uhr hält, von zehn großen, blonden Burschen getragen, ein schwarzer Flügel auf der kleinen Bühne des Jungen Theaters Einzug. Später erfuhr ich, dass sich unter diesen jungen Studenten ein zukünftiger berühmter Schauspieler befand …

Der Abend ist wunderbar. Gunther verlängert meinen Vertrag um eine Woche.

Am darauf folgenden Tag zeigen mir die Studenten die Stadt. Ich entdecke das Haus der Brüder Grimm, in dem die uns aus Kindertagen vertrauten Märchen verfasst wurden.

In dem kleinen, an das Junge Theater angrenzenden Garten habe ich am letzten Nachmittag meines Aufenthaltes *Göttingen* hingekritzelt. Am letzten Abend habe ich den Text – unter Entschuldigungen – vorgelesen und zu einer noch unfertigen Melodie gesungen.

In Paris vollendete ich dieses Chanson, und nachdem Claude Dejacques es gehört hatte, entschied er, dass es auf meiner nächsten Platte erscheinen müsse.

Dieses Chanson verdanke ich also der dickköpfigen Beharrlichkeit Gunther Kleins, zehn Studenten, einer mitfühlenden alten Dame, den blondschöpfigen kleinen Kindern in Göttingen sowie einem tiefen Wunsch nach Versöhnung, nicht aber nach Vergessen. Und wie immer verdanke ich dieses Chanson auch dem Publikum, in diesem Falle dem wunderbaren Publikum des Jungen Theaters.

Mir ist's egal um die, die mit Erstaunen sich erheben,
Und die anderen mögen mir vergeben,
Aber die Kinder sind die gleichen
In Paris wie in Göttingen.

Lasst diese Zeit nicht wiederkehren,
In der Blut und Hass die Welt zerstören,
Denn es gibt Menschen, die ich liebe,
In Göttingen, in Göttingen.

Und sollte der Alarm ertönen
Und müsste man wieder zu den Waffen greifen,
Würde mein Herz eine Träne vergießen
*Für Göttingen, für Göttingen.**

* Auszug aus dem Lied *Göttingen*. Barbara hat es selbst auch auf Deutsch gesungen in einer Übertragung von Walter Brandin.

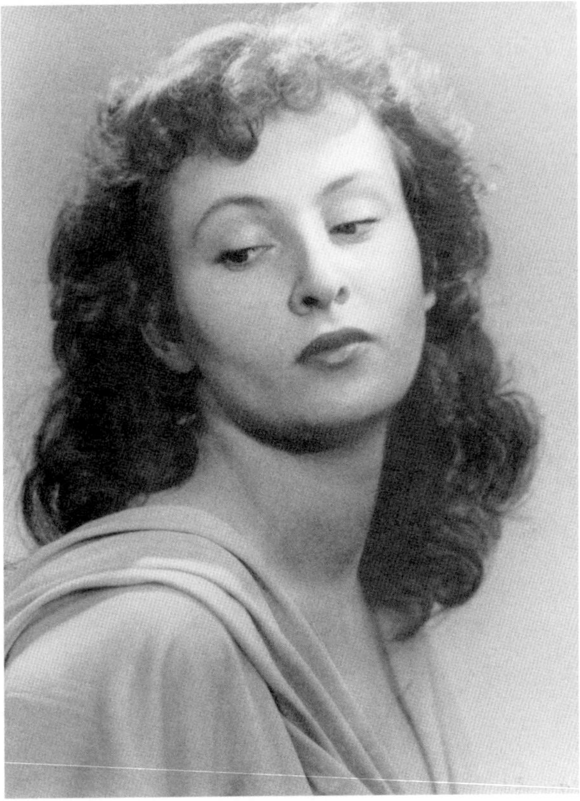

Monique Andrée Serf Anfang der 1950er Jahre

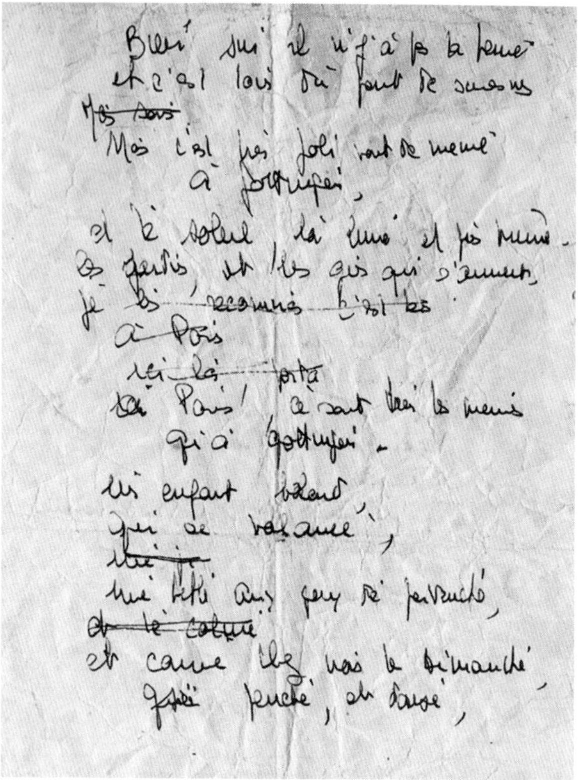

Erster Textenwurf für das Chanson »Göttingen«

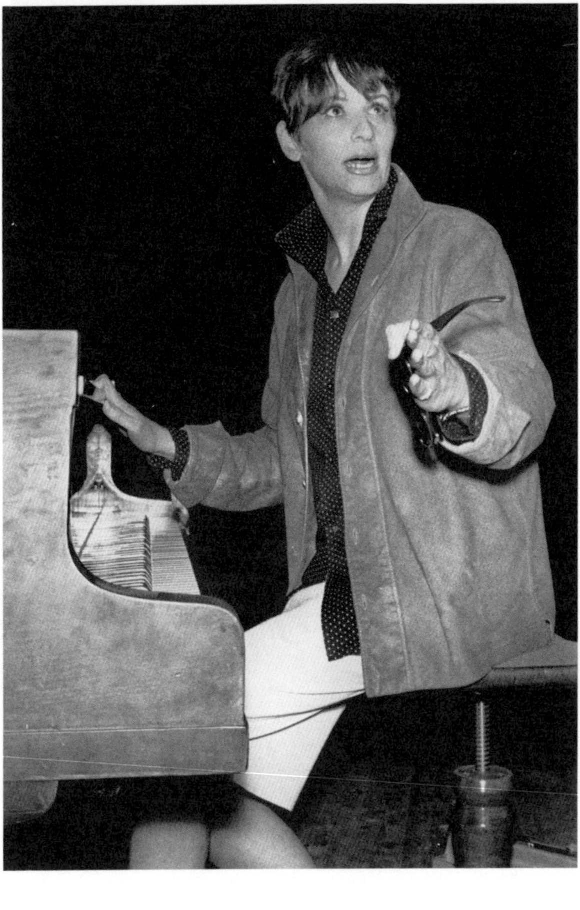

Barbara 1964 im Jungen Theater in Göttingen

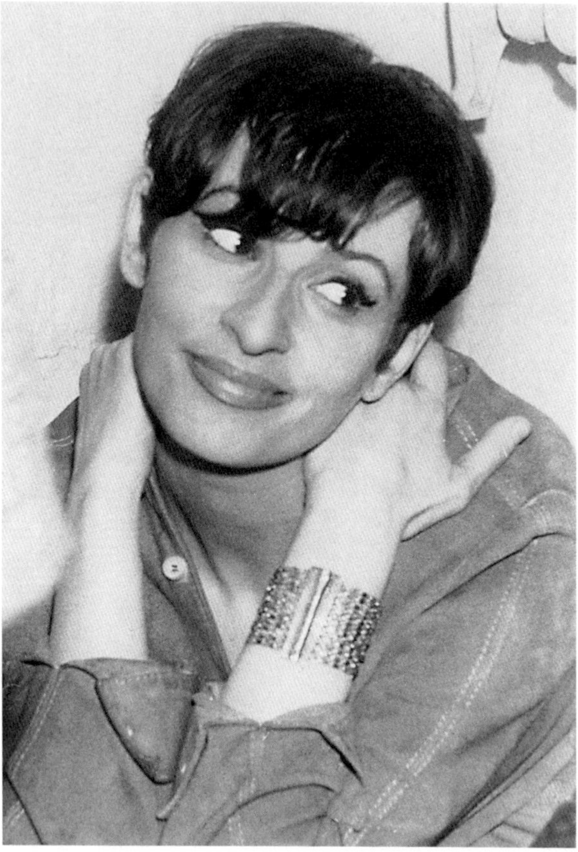

Barbara 1964

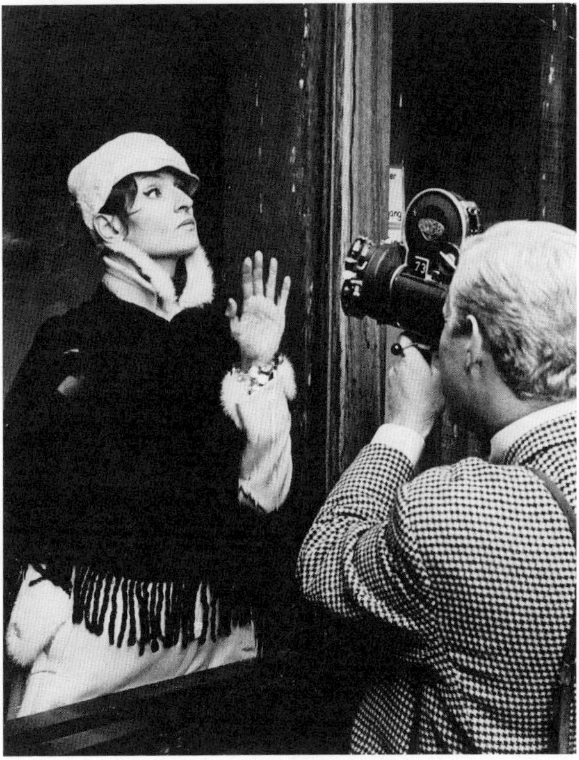

Barbara 1967

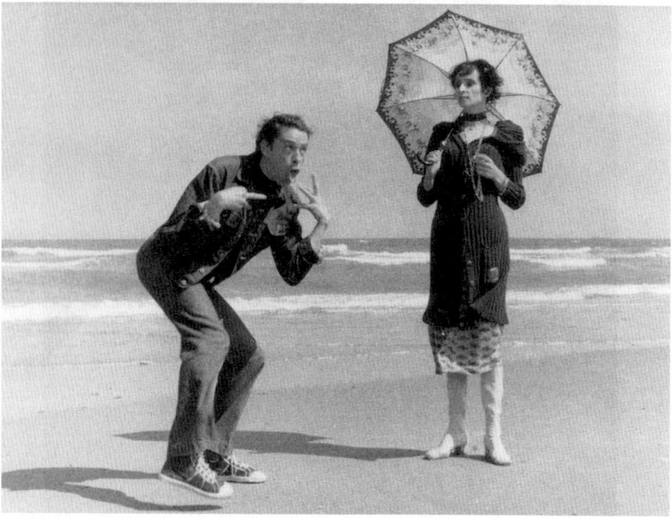

Szene aus dem Film »Franz« von Jacques Brel aus dem Jahr 1972 mit Barbara und Brel in den Hauptrollen

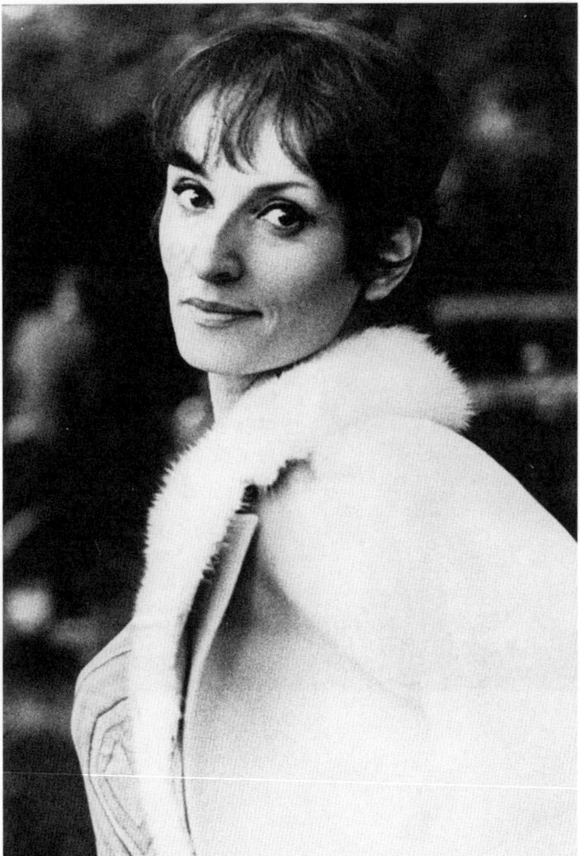

Barbara 1967

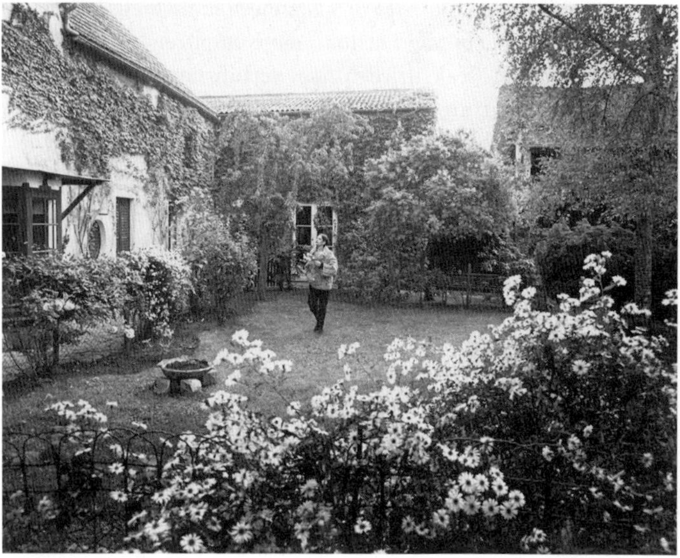

Barbara im Garten ihres Hauses in Précy-sur-Marne, wohin sie sich 1973 zurückgezogen hatte

Fragmente

Die Begegnungen mit den Männern in meinem Leben habe ich geliebt, die Dualität, die Komplizenschaft, das Lachen, den Seelenfrieden, die Verführung, das unbedingte Bedürfnis, jeden Morgen erneut das Leben zu zweit zu erobern, zu träumen, wohlwissend, dass nichts und niemand der Anziehungskraft meines Klaviers, meiner Theaterbühnen, meines gemeinsamen Weges mit anderen widerstehen könnte.

Ich bin gerannt, habe gewartet, wiedergefunden, verloren, leidenschaftlich geliebt, glücklich, grausam, oft unbeugsam.

Diesen Zustand der Verliebtheit, den gab es bei mir fast immer. Ich brauchte ihn, um singen zu können.

Mein Leben als Frau ist gescheitert.

Mein Leben als Mutter ist gescheitert.

Lange Zeit hindurch fühlte ich in meinem Bauch eine eisige Leere, lange Zeit hindurch war ich eifersüchtig auf schwangere Frauen und konnte Neugeborene nicht ausstehen. Beim Gehen lag oft meine Hand auf dem Bauch.

Heute bin ich überzeugt davon, dass das der Preis war, den ich zu zahlen hatte, aber dass mein Leben dennoch schön und reich war.

Lange Zeit hindurch hatte ich aufgrund meiner Unwissenheit und mangelnden Bildung Komplexe und habe deshalb oft schöne Begegnungen abgelehnt, denn ich war überzeugt davon, nicht am richtigen Platz und auf demselben Level zu sein.

In der Rolle der schweigenden Beobachterin fühlte ich mich wohler, und allein einsam zu sein war mir immer lieber, als eine Einsamkeit zu mehreren oder zu zweit ohne ein schweigendes Einverständnis, ohne jegliche Wesensverwandtschaft oder ohne jenen Humor, der manchmal alles zu retten vermag.

Und dennoch, wie schön ist es, gemeinsam und ohne sich schämen zu müssen über alles lachen zu können!

Eine meiner allerersten schönen Begegnungen war jene mit Lucien Morisse* am 16. September 1965, am Tag nach meiner Generalprobe im *Bobino*.

Ich war zur Sendung *Europe-midi* eingeladen. Es herrschte ein herrliches Wetter und ich war noch ganz verzaubert von dieser Abendvorstellung, die eine meiner schönsten Liebesnächte war.

Zu jener Zeit war ich auf *Europe 1* nicht oft zu hören, was mich übrigens niemals besonders beunruhigt hatte. Aber an jenem Morgen beschloss ich, mich darüber zu erstaunen und Lucien Morisse nach dem Warum zu fragen. Ich würde ihn dafür schon rügen!

Und auf einmal sah ich zwei Männer vor mir hergehen, der eine sehr groß, der andere ganz klein, mit einer seltsamen karierten Jacke angetan, mit blonden krausen Haaren. Ich weiß nicht, welche Intuition mich antrieb, aber mir war klar, das war er. Ich tauchte auf einmal auf und stand da plötzlich vor den beiden Männern, die, vollkommen verdutzt, ihr Gespräch unterbrachen … Und ich verharrte stumm vor diesem Antlitz, vor diesem hässlichschönen Mann, der mich erstaunt anblickte.

Lucien Morisse war ein vollkommen regungsloses Wesen. Er stand mir da also gegenüber, ohne sich auch nur einen Zentimeter zu bewegen, aber ich sah, was er in

* Lucien Morisse (1929-1970) war lange Zeit Programmdirektor beim französischen Radiosender Europe 1.

seinem ungeheuer lebendigen Geist bereits wusste, sowohl meine Frage als auch seine Antwort.

Egal, wie diese am Rande eines Bürgersteiges gegebene Antwort lautete. Das, was wirklich zählte, war, dass ich soeben einen Mann getroffen hatte, dessen Ausstrahlung mich niemals mehr verlassen würde.

Am selben Abend erwartete mich zuhause ein unverschämt prächtiger Blumenstrauß.

Dieser Mann war maßlos, widersprüchlich, großzügig, besitzergreifend, eifersüchtig in seinen Freundschaften, auf wunderbare Weise unmöglich, ein Traumtänzer – und so zerbrechlich, dass man sich ständig fragte, auf welche Seite er wohl fallen würde!

Am darauffolgenden Tag aßen wir im *Le Bois* zu Mittag. Wir besprachen nichts Berufliches. Wir haben gelacht, viel gelacht. Wir sahen uns an und brachen in Lachen aus, über nichts und wieder nichts. Er sprach und lebte mit zurückhaltender Stimme, seine Bewegungen waren langsam, aber sein Geist schnell. Er verstand es zu sehen, ohne aufzublicken, und zuzuhören, ohne es sich anmerken zu lassen.

Nach und nach haben wir uns kennengelernt, und wir beschlossen, immer genug Zeit zu haben, um uns niemals aus den Augen zu verlieren, egal wie sehr wir beschäftigt sein würden. Niemals hat er dieses Versprechen gebrochen.

Oft kehrten wir ins *Le Bois* zurück, um dort zu Mittag zu essen. Kurioserweise teilten wir dieselben Vorlieben: gekochter Schinken, pochierter Fisch, gedämpfte Kartoffeln und Evian-Wasser.

Er war ein Spieler. Während wir eines Tages dort aßen, bat er mich, mit ihm eine *Musicorama*-Sendung zu machen. Meine Antwort war, dass ich aus persönlichen

Gründen niemals die Füße ins *Olympia* setzen würde. Mit Gesten seiner außergewöhnlichen Hände, mit seiner Stimme, seinem Blick, mit der ganzen ihm innewohnenden diabolischen Kraft versuchte er mich zu überzeugen, bis ich – allmählich geschlagen – einwilligte.

Nun meinerseits Spielerin, erwiderte ich, dass ich das *Olympia* nur als *Récital** »machen« würde. Er zuckte nicht zusammen, besaß die ungeheure Höflichkeit, mich nicht merken zu lassen, wie sehr ihn das beunruhigte.

Ich bereitete diesen Auftritt vor, für den er mir mit allen ihm zur Verfügung stehenden Mitteln half und mir sein volles Vertrauen schenkte.

Ihm verdanke ich es also, dass ich die Freuden des *Olympia* erleben durfte.

Dieser kleine, zerbrechliche Mann besaß eine ungeheure Kraft, eine messerscharfe Intelligenz und ein ungewöhnliches Einfühlungsvermögen. Er liebte die Kinder und die Musik, den Lärm genauso wie die Stille. Er war geduldig wie ein Stein und belauerte, zurückgezogen in den Schatten seines Büros, seine Feinde. Er kannte keine Dankbarkeit, besaß aber ein außergewöhnliches Gedächtnis. Er sorgte sich ständig um die anderen. Er hatte das Bedürfnis nach Liebe. Er kannte seine Macht, missbrauchte sie aber niemals. Er war von einer süßen Hoffnungslosigkeit beherrscht. Angsterfüllt sprach er häufig vom Tod, vom Lebensschmerz.

… Ich sehe uns noch immer in den Fluren von *Europe 1*, in jenem Juni 1968, in dem Lucien Morisse von uns gegangen ist**. Ein dumpfer und betörender Schmerz hatte sich in ihm eingenistet. Es bleibt nur zu bemerken,

* Solokonzert ohne mehrteiliges Vorprogramm.

** Lucien Morisse erschoss sich im September 1970.

mit welch innerer Gelöstheit sich dieser Abschied vorbereitet hatte, um begreifen zu können, wie sehr dieser kleine blonde Mann von seinen Kollegen und Mitarbeitern geliebt wurde, denen er in jeder Sekunde die Liebe zu ihrem Fach vorlebte.

* * *

Ich erinnere mich an eine andere Begegnung, nämlich mit Jacques Attali*, im Jahre 1986. Ich hatte ihn gefragt, was ich tun und an wen ich mich wenden müsse, um mich an den Aktionen im Kampf gegen Aids** beteiligen zu können. Seine Antwort war vollkommen klar. Es war wohl dieselbe, die er unter anderen Umständen Coluche*** gegeben hatte. Zwei Möglichkeiten existierten: Die offiziellen Stellen oder die privaten Initiativen, letztere sind sicher flexibler, aber auch aufwendiger.

Nach mehreren Arbeitsfrühstücken im Gesundheitsministerium, bei denen ich genauso herausspazierte wie ich hineingegangen war, beschloss ich, meine eigenen Beziehungen zu nutzen. Ich hatte gerade ein Lied zu dem Thema komponiert, was bei meinem nächsten Konzert im *Châtelet* zum Programm gehören sollte. Meine Absicht war es, die Gefängnisse zu besuchen und durch mein Lied *Sid'amour-à-mort***** präventive Aufklärungsarbeit gegen Aids zu leisten.

Damals lernte ich Professor Jacques Leibowitch ken-

* Jacques Attali war von 1981 bis 1991 persönlicher Berater von Präsident François Mitterrand.

** Das Aids-Virus war 1984 entdeckt worden.

*** Coluche (1944-1986), bürgerlich Michel Gérard Joseph Colucci, war ein sehr beliebter französischer Komiker, Schauspieler und Autor.

**** Wortspiel mit dem französischen Wort für Aids »sida«: Aids-Liebe-bis-zum-Tod.

nen, und – ebenfalls durch Vermittlung Jacques Attalis – Professor Willy Rozenbaum. Ich traf auch Gilles Pial, Journalist bei der Zeitung *Libération*, und er war der erste, der mich zu diesem Thema interviewte. Michèle Barzach, die neue Gesundheitsministerin, war die erste Person, die Interesse an meinem Chanson bekundete und mich zu einem Gespräch einlud. In der Zwischenzeit hatte Gilles Pialoux dem Journalismus den Rücken gekehrt und sich wieder der Medizin zugewandt. Zusammen mit ihm sollte ich wenige Zeit später die Gefängnisse besuchen.

Mein erster Gefängnisbesuch galt, in Begleitung von Professor Gastaud, dem Baumettes-Gefängnis in der Nähe von Marseille. Das war 1988. Damals war es geradezu revolutionär, in den Gefängnissen über Aids und über Präservative zu sprechen.

Dennoch bin ich Menschen begegnet, die mir zuhörten und mir die Dinge erleichtert haben, wie zum Beispiel Alain Blanc und Jean-Paul Jean im Justizministerium.

Eines Tages werde ich gleichfalls über meine Begegnungen mit den inhaftierten Frauen und Männern sprechen, und ich bin mir bewusst, dass ich bei diesen Gesprächen viel mehr erhalten habe, als ich zu geben vermochte.

Über Gérard sprechen, über Depardieu, über unsere leidenschaftliche Beziehung, unsere Lachanfälle, über die Erregtheit, die sich jedes Mal wieder aufs Neue einstellt, wenn wir uns wiedersehen oder miteinander telefonieren in Momenten, in denen die Zeit stillsteht.

Auch wenn wir uns eine Woche, einen Monat, ein Jahr oder ich weiß nicht wie lange nicht sehen – egal, er ruft an: »Ich bin's«, und ich weiß genau, wie er sich fühlt, wie es ihm geht.

Ich erinnere mich nicht mehr genau daran, unter welchen Umständen wir uns kennengelernt haben. Ich entsinne mich, wie er an einem Tisch sitzt. Ich erzähle ihm die Geschichte von *Lily Passion*. Lily ist eine berühmte Sängerin, die durch die Welt zieht. In jeder Stadt, in der sie auftritt, wird ein Verbrechen begangen. David, der blonde Killer, hinterlässt bei jedem seiner Opfer einen Mimosenzweig. Von diesen Morden verfolgt, beschließt Lily, das Singen aufzugeben, um menschliches Leben zu schützen. Aber die Menge verlangt nach ihr …

Er sagt zu mir: »Das ist meine Rolle. David, das bin ich. Schreib' es.«

David, das ist er, und von diesem Moment an wird über sechs Jahre *Lily Passion* geschrieben und verworfen, neu geschrieben und erneut verworfen. Und er ist immer da.

In seinem und auch meinem Umfeld bekommen wir zu hören, dass er natürlich Lust hat, dieses Projekt zu verwirklichen, dass es aber angesichts seines übervollen Terminkalenders sicherlich nicht möglich sein wird. Dennoch habe ich niemals aufgehört zu glauben, dass er zum festgesetzten Termin da sein würde.

Ich arbeite an *Lily Passion,* in meinen Gedanken bin ich bei David, in der Gegenwart ist Gérard bei mir. Zu jener Zeit hält er sich wegen der Dreharbeiten zu *Fort Saganne* in Mauretanien auf. Ich schicke ihm eine Kassette mit dem Prasseln des Regens aus dem Garten in Précy. Wir kommunizieren mit Hilfe von Kassetten …

Er kommt zurück. Eines Abends lese ich ihm am Telefon den ersten Entwurf eines Abschnittes aus *Lily* vor, den ich gerade für ihn geschrieben habe. Er wird nicht ein Komma daran ändern. Er hört mir viel zu, und durch sein beredtes Schweigen, mit einer unglaublichen Einfühlsamkeit, wird er mich leiten. Er bringt mir bei, mich nicht selbst zu zensieren. Durch seine Sprache, seine Haltung, gibt er mir auf äußerst intelligente Weise zu verstehen, was er sagen möchte und wie er es sagen möchte.

Eines Morgens schneit er in Précy herein, mitten in die Unordnung eines mit Notizblättern übersäten Arbeitszimmers. Lachend sammelt er sie ein. Immer noch diese Lachanfälle zwischen uns, wie die Pennäler!

Er wollte mich einfach nur sehen, mich beruhigen. Er sagt, er sei gekommen, um neue Kraft zu schöpfen. Er fährt wieder ab, dreht weiter.

In *Lily* will er singen. Ich weiß, dass er singen will, übrigens singt er gut. Sein erstes Lied wird zu einem Teil seines Lebens, er lernt es nachts im Schlaf. Er weckt mich, um es mir vorzusingen. Er singt mir auch Lieder von *Lily* vor. Es gibt Tage, an denen möchte er gerne Lily Passion sein und wie sie singen. So ein Dieb!…

Ja, er ist ein Dieb! Er klaut dir alles, um es dir verbessert zurückzugeben.

Er stiehlt dir auch deine Gefühle: In Nantes, wo wir auf

Tournee sind, wohnen wir an einem Morgen den Feierlichkeiten zur Einweihung der *Rue de la Grange-au-Loup** bei, eine Ehrung, die die Stadt mir als Dank für das Lied *Nantes* zuteilwerden lässt. In dem Augenblick, in dem die Tafel enthüllt wird, schreit er: »Das ist mein Vater!« Nantes ist in dem Moment zu der Stadt geworden, in der sein eigener Vater verstorben ist!

Ein wundervoller Dieb, der das, was er dir stiehlt, egal ob Freud ob Leid, mit dir teilen will.

Eines Abends während der Aufführung bemerkt er in der Liebesszene, dass ich nicht richtig im Licht bin. Also bewegt er sich behutsam rückwärts, damit ich voll im Licht stehe. Niemand sonst hätte das auf der Bühne gemacht!

Die Tournee mit *Lily Passion* ist ein einziges Fest, eine Reise, deren Stationen echte oder in Sportpalästen oder Turnhallen improvisierte Theater sind.

Damit ich mir niemals um irgendetwas Sorgen machen muss, ist Gérard jeden Tag um fünfzehn Uhr vor Ort, um das Team zu sehen und die Beleuchtung, die Bühne sowie die Stelle, an der er abends die Szene betritt, zu kontrollieren. Auch, um mich anzuschauen, das weiß ich sehr wohl. Und um bei den Soundchecks dabei zu sein. Nie habe ich Angst gehabt, er könne zu spät sein, nie. Er ist da, immer.

In der bleichen Aura Davids lässt er jeden Abend Mimosen wachsen!

Lily Passion: von der Presse, die nicht immer hingenommen hat, dass er singt und ich spreche, geschmäht – liegt es vielleicht an der Geschichte oder am Drehbuch

* Die Stadt Nantes hat den fiktiven Straßennamen »Rue de la Grange-au-Loup« aus dem Lied übernommen (»Wolfsscheune«).

oder was weiß ich woran? – *Lily Passion* bleibt für uns ein Fest. Für das Publikum ebenso, das zwar zunächst beunruhigt reagierte angesichts dieser Begegnung, dann aber begeistert war, in Gérard einen rockenden Schauspieler und einen Mann der Music Hall zu entdecken.

Ich wurde darauf angesprochen, werde immer noch darauf angesprochen, auf David, den schönen Mörder, den Killer mit den Mimosen!

Merkwürdigerweise sah ich in der Zeit nach *Lily Passion* überall das Wort »passion« auftauchen, im Zusammenhang mit allem und jedem. Egal, ob es sich um Käse, das Stricken oder Sendungen im Fernsehen handelte – alles war Ursprung oder Objekt der Leidenschaft geworden. Aber niemals eine so starke, wie unsere es war!

Und der Tango … Ich verstand nicht immer, was Gérard meinte, wenn es um meine Art ging, mich auf der Bühne gemeinsam mit ihm zu bewegen, denn er kam vom Theater. Er sagte: »Verstehst du, das ist wie mit Claude Régy in *La Chevauchée sur le lac de Constance* …*« Ich verstand kein Wort davon, *La Chevauchée* hatte ich nicht gesehen. Außerdem – das weiß er bis heute noch nicht – hatte ich keinen seiner Filme gesehen! Auf der Bühne kannte ich nur meine eigenen Bewegungen, Schritte vom Klavier zum Klavier, jeden Abend neue Wege je nach den Bühnenverhältnissen. Gérard erwartete von mir eine andere Logik. Er wollte mir ein Gesetz auferlegen, dessen Verständnis sich mir manches Mal entzog. Als er sah, dass ich so nicht meine richtige Position fand, um den »Tango« zu singen, baute er sich eines Tages während der Proben mitten auf der Bühne vor mir auf und erzwang

* Peter Handke: *Der Ritt über den Bodensee,* 1974 in Paris vom Theaterregisseur Claude Régy inszeniert. Depardieu spielte darin eine der Hauptrollen.

auf diese Weise, dass ich mich um ihn herumbewegte. Eine Art Verführungstanz.

Gérard, der Verführer, die Verführung in Person …

Ich habe ihn als Schauspieler erlebt, als Sänger, als Musiker. Mal sah ich ihn am Meer entlanggehen, mal mit beiden Füßen fest auf seiner Scholle stehen.

Und immer wieder unsere Lachanfälle.

Und die Verführung.

Niemals haben wir den Gefallen aneinander und das gegenseitige Verlangen verloren.

Falls uns das Leben entzweien sollte, hätten wir immer wieder Lust, uns aufs Neue zu erobern.

Freitag, den 28. Juni 1986 im Flugzeug nach New York.

Das Ballett der *Opéra de Paris** begibt sich nach New York, um bei einer Jubiläumstanzgala in der *Metropolitan Opera* aufzutreten. Misha Baryshnikov hat mich gebeten, das Chanson *Pierre* zu singen, zu dem er eine Choreographie verfasst hat und tanzen möchte.

Die Stewardess stolpert mit ihrem Tablett und das Kalbsschnitzel nach Försterrinnenart ergießt sich über die weiße Hose meines Sitznachbarn. Diskret lenke ich meinen Blick zum Fenster hinaus. Hunderte weißer Herden. »Gott, wenn du im Himmel bist, so ist es nicht verwunderlich, dass du Schafe fliegen lässt!«

Als ich an jenem 1. Juli, einem Dienstagnachmittag, mit Misha *Pierre* probe, habe ich Baryshnikov im wahrsten Sinne des Wortes das Lied überfliegen sehen. Ich verstehe nicht, wie mir geschieht. Ah, wenn doch meine Mutter nur hier sein könnte!

Ich werde versuchen, in allem, was Misha von mir erwartet, so exakt wie möglich zu sein.

Meine Begegnungen mit dem Tanz waren übrigens stets großartige Begegnungen. Später werde ich von Maurice Béjart erzählen …

Misha hat mir angeboten, bei ihm zu wohnen. Ich habe ihm gesagt, dass mir das Hotel lieber sei. Ich nähere mich der Welt der Menschen, die ich mag, nur höchst zaghaft.

* Damals unter der Leitung von Rudolf Nurejew.

Daraufhin erschien er so verwirrt, dass ich letztlich sein Angebot annahm. Er nahm mich mit in sein Landhaus, ein schönes, lebendiges Haus, in dem alle Türen ständig offen stehen. Dort lebt er.

Vom Moment meiner Ankunft an spielt er mir alle meine Chansons auf seinem kleinen »Casio« vor. Ich bin völlig sprachlos. Er erzählt mir, wie er in Frankreich die Sprache lernte, indem er meine Lieder trällerte.

Billy schenkt mir drei Paar Ballettschuhe, in denen Misha viel getanzt hat. Sie selbst erzählt mir, dass sie oft Mishas Ballettschuhe anziehe, wenn sie sich entspannen wolle. Ist es vorstellbar, dass man sich in Ballettschuhen ausruhen kann, in denen Baryshnikov getanzt hat?

Die Schuhe habe ich mitgenommen, angezogen habe ich sie niemals, ich habe sie aufbewahrt, so wie ein »Groupie« es täte.

Das Flugzeug wird gleich abheben, um mich nach »Paris-Précy« zurückzubringen. Ich breche wieder auf, den Kopf voller neuer Eindrücke. Am Abend der letzten Aufführung im *Teatro Argentina* in Rom war ich zutiefst betrübt, die Zeit von *Lily Passion* hinter mir zu wissen. Ich wollte nichts mehr hören und sehen. Und auf einmal kommt Billy auf die Idee, *Lily* könne in New York, in der *Metropolitan Opera* aufgeführt werden, zusammen mit Gérard: Ich sehe es wieder und höre es!

Unter dem Flugzeugflügel entschwindet New York allmählich. Michel Colombier, der mich mit Misha bekannt gemacht hat, fragte mich eines Tage, ob ich nie den »amerikanischen Traum« geträumt habe. Ich habe immer nur einen einzigen Traum gehabt: zu singen!

Mit einem Konzert von Schumann in den Kopfhörern gleite ich sanft in den Schlaf und schwebe – glücklich. Ich weiß nicht, wem ich danken muss für so viel Harmonie und feinfühlige Aufmerksamkeiten, von denen ich nicht weiß, ob ich sie verdiene, aber ich nehme alles an!

Militärkrankenhaus Hôpital Bégin, Oktober 1986.

Ich humpele. Unerträgliche Schmerzen in den Fingern, in den Unterarmen, Armen, Beinen.

Von meinem Zimmerfenster aus sehe ich, wie der Herbst alles rotbraun färbt, so wie ich es liebe. Man kann den »Affenfelsen« im Zoo ganz genau erkennen.

Blitzvisite von Professors X und seinen Ärzten. Ein schwärzlicher, klebriger Fleck auf dem Boden neben meinem Bett irritiert ihn. Er glaubt, es sei Blut.

»Nein, Herr Professor, das ist Lakritze!«

»Lakritze!«

»Ja, Lakritze!«

Breites Lachen im Ärzteteam.

Die Lakritze begleitet mich und hinterlässt überall, wo ich bin, ihre Spuren. In meinen Taschen, auf den Sofas, den Sesselkissen, auf meinem Schreibtisch, in meiner Garderobe, bei meinen Freunden, überall.

In der HNO-Abteilung werden meine Ohren mit Wasser gespült.

Kaltes Wasser, dann warmes. Symmetrie: »Perfekt«.

Am darauffolgenden Tag das Gesichtsfeld: eine Ente, zwei Enten, der Schwanz eines Hasen …! Der Löwe im Käfig, die Ohren schauen aus dem Käfig heraus …

»Schauen Sie genau hin!« Ich konzentriere mich auf das Bild, der Löwe kehrt in den Käfig zurück …

Ich habe wahnsinnige Angst, wieder nach draußen zurückzukehren, die Freiheit wiederzufinden. Zum ersten

Mal in meinem Leben habe ich überhaupt keine Lust, das Krankenhaus zu verlassen.

Ich bin müde, fühle mich schwach.

In meinen Bewegungen und meinen Gedanken herrscht eine zu große Unordnung.

Mich verstecken: der Eindruck, dass man mein fehlendes Gleichgewicht sofort bemerkt.

Gedächtnisstörungen. Wortfindungsstörungen; ich finde keine Worte.

Große Müdigkeit. Hinuntergehen in den Klinikgarten. Augenblicklich, schnell wieder ins Zimmer zurück!

Ein klarer Kopf. Im Flash-Back Gesichter, Stimmen, Lachen.

Landschaften: Spritztour nach Budapest durch das verschneite Gebirge mit R.R.

Mein singendes Gedächtnis? Perfekt: Die Säle, die Unterschriften, das Stück *Lily Passion* mit Gérard, unser Glück vor und während der Aufführung.

1960 bis 1961 eine Tournee in Deutschland, alleine in einem von zwei jungen Militärs gefahrenen Fahrzeug. Ich singe für unsere jenseits des Rheins stationierten Soldaten. Behandelt werde ich wie ein Star, obgleich ich in Paris noch fast unbekannt bin. Allein am Klavier. Keine Wut, aber bereits große Ansprüche. Bereits die Einsamkeit.

Blitzbesuch von Professor D.: Alles in Ordnung, Entlassung in vier Tagen. Drei Wochen Kur, aber am 9. November werde ich in Tel Aviv sein.

Dieser Krankenhausaufenthalt erscheint mir wie ein Ausflug in ein geruhsames Leben. Ich kümmere mich um niemanden mehr. Ich lasse mich treiben, ohne Schuldgefühle. Ich habe Lust zu schreiben.

Wenn nur alle mit mir die Milde dieses Morgens im Oktober teilen könnten!

Oktober, November … Ich werde immer eine Waise bleiben, verlassen von euch, von dir, meiner kindgleichen Mutter.

Claude hat mich besucht. Er war ruhig. Es gelingt mir noch nicht, eine einfache Beziehung zu ihm zu haben. Bin aggressiv oder vielmehr … ich weiß es nicht. Nun ja, es ist immerhin wesentlich besser als vor einem Jahr … Wie sein Leiden lindern? Wie ihn schonen, ohne mich gleichzeitig so zerreißen zu lassen, dass ich nicht mehr genug für ihn dasein kann? Mich stärker kontrollieren, entdramatisieren, mich in seinen Augen schwächer geben, um ihm das Gefühl zu vermitteln, dass er derjenige ist, der mit mir klarkommen muss.

Als ich das Krankenhaus verließ, sah ich im Flur Betten mit jungen verstümmelten Soldaten, die aus dem Libanon zurückgekommen waren.

Apropos Krankheit und Krankenhaus: An dieser Stelle muss ich wenigsten kurz *Celestene chronodose retard* erwähnen …

Wir schreiben das Jahr 1971, ich singe zum ersten Mal in diesem ausgesprochen hübschen kleinen *Théâtre du Gymnase,* das damals meinem kürzlich verstorbenen Freund Tony Raynaud gehörte. Urplötzlich verliere ich meine Stimme. Ein Arzt behauptet, ich würde wieder singen können. In der Tat kann ich wieder singen, solange das mir verschriebene Medikament wundersamerweise wirkt. Auf der Bühne fühle ich mich absolut wohl, die Stimme hell, fast normal.

In der Folge werde ich beim geringsten Anzeichen von

Heiserkeit wieder davon nehmen. Das hat mir die Knochen zerfressen, die Muskeln kaputt gemacht, meinen Blutdruck durcheinander gebracht und meine Lungen geschwächt. Ich bin in einen Teufelskreis geraten, in dem ich, um meine Schmerzen zu lindern und meine Heiserkeit zu behandeln, Kortison brauchte, das mich aber gleichzeitig zersetzte, mich nach und nach zerstörte …

Ohne es zu verstehen, noch es zu ahnen, war ich von einem Medikament abhängig geworden, das gleichtzeitig ein Gift war.

Es war an einem Sonntag gegen elf Uhr.

Seit einer Woche weilte ich in Tel Aviv, um meine Schwester zu besuchen, die in jener Zeit eine schwere Phase durchlebte. Absichtlich schob ich den Moment, ans Meer hinunter zu gehen, hinaus, auch wenn ich den Strand von meinem Hotelfenster aus schon sehen konnte.

Ich erinnerte mich daran, wie ich, wenn wir auf Sommertourneen am frühen Morgen in einer Küstenstadt ankamen, den Fahrer anhalten ließ und losrannte und voll bekleidet in das manchmal eiskalte Wasser hineinlief, bis es mir zum Bauch reichte. Ich war so sehr überdreht, dass ich laute Schreie ausstieß. Wenn ich dann wieder aus dem Wasser herauskam, setzte ich mich nieder und mir kamen die Tränen.

Hatte ich vor einem Auftritt auf das Meer geschaut, fühlte ich mich vom Geruch des Salzes und Jods durchdrungen, in meinen Ohren klang die Brandung der Wellen nach, vor meinen Augen die unendliche Weite. Die ersten Chansons meines Konzertes waren dann geprägt von diesen Eindrücken, die ich mit aller Kraft in meine Worte, meine Stimme und meine Finger auf den Tasten zu übertragen versuchte.

Ich ging aus dem Hotel. Eine Treppe führte direkt ans Wasser.

Der heisse Sand brannte unter meinen Füßen, er war wie ein feines beiges, mit funkelnden Glimmerplättchen gesprenkeltes Pulver.

Ich näherte mich dem Meer so langsam wie möglich, um meine Vorfreude zu verlängern.

Meine schmerzenden Beine trugen mich nur schlecht. Meine Tasche, in der ich das Skript von *Lily Passion*, meinen Kassettenrekorder und die Kassetten mit mir herumschleppte, hing schwer an meiner Schulter; war es doch seit geraumer Zeit selten geworden, dass ich auch nur das Geringste bei mir trug oder längere Strecken zu Fuß zurücklegte. Selten auch, dass ich allein war, sonst war ich meist dem Schutz eines Mannes anvertraut, der mich begleitete, mich führte und auf mich aufpasste (oder, was häufiger vorkam, auf den ich aufpasste).

Auf einem Sandhügel legte ich meine Tasche nieder. Ich musste an Jacques* denken. Es war nicht sein Tod, der mich am meisten empörte, sondern die Tatsache, dass er nicht mehr das Meer, nicht mehr den Himmel sehen konnte.

Ich entsann mich seiner Selbstansprüche, erinnerte mich an sein Lachen, an unser stundenlanges Unterwegssein in seinem grünen Jaguar, in dem wir Ravel hörten und uns dabei über seine Angst vor dem anderen Geschlecht und seine grundlegende Unkenntnis der Frauen unterhielten und über seine Neigung, in ihnen seine Männlichkeit zu ergründen.

Alles stieg wieder in mir hoch, wie ich da im Sand saß, sechs Jahre nach seinem Tod.

Du bist immer da.

Ich lache mit dir.

Im Angesicht des Meeres empfand ich ein Gefühl von Freiheit, von Einsamkeit und von Demut, aber ich fühlte mich gut.

Es war Mittag. Es war an der Zeit, zu meiner Schwester in die Tsirelson Street zurückzukehren.

* Gemeint ist Jacques Brel.

Meine erste Tournee habe ich mit Georges Olivier unternommen, der damals Tournee-Direktor von Jacques Brel war. Ich glaube, dass ich zu jener Zeit die einzige Frau war, die sich selbst am Klavier begleitete. Einen Tournee-Direktor mit der Suche nach einem guten Flügel zu betrauen – wobei so jemand meist keine Ahnung von Instrumenten hat und glaubt, ein schwarzer Flügel sei zwangsläufig ein guter Flügel –, war ein genauso unerhörtes Unterfangen, als hätte ich ihn darum gebeten, mir eine Stange Uranium zu besorgen! Für diese Tournee hatte ich zwei Bedingungen gestellt: Die erste war ein guter, auf 442 Hertz gestimmter schwarzer Konzertflügel (dies war für die Begleitung mit dem Akkordeon erforderlich, wohingegen Flügel normalerweise auf 440 Hertz gestimmt sind), die zweite war, dass Georges Olivier zumindest zu Beginn der Tournee dabei sein müsse.

Die Flügel wurden sein Albtraum! Sobald wir in einem Theater ankamen, stellte er sich wie eine Statue vor mich hin und harrte meines Urteils über den Flügel. Zu jener Zeit waren die Flügel in Frankreich mittelmäßig, zumindest jene, die man den sogenannten Varieté-Künstlern zur Verfügung stellte. Es ist wahr, dass sie manchmal schlecht behandelt wurden: Heißer Kaffee wurde auf ihnen abgestellt oder sonstwelche Getränke kippten auf ihnen um … In der Oper in Lille stellt man mir eines Tages so ein malträtiertes Instrument zur Verfügung, obschon ich etwas abseits unter einer Plane einen Konzertflügel ausgemacht habe, der sich zudem als ein prächtiger Steinway entpuppt. Zutiefst konsterniert (einer der Gründe, warum es wichtig ist, sehr frühzeitig in einem Theater anzukommen, ist genau dieser, dass man gewisse Ungereimtheiten noch zurechtbiegen kann) verlange ich nach dem Direktor, der honigsüß angetanzt kommt. Ich erkläre ihm, dass ich mich weigere, auf dem Klimperkasten zu spielen, und zeige auf den Steinway:

»Und das da, Herr Direktor?«

»Aber das ist völlig undenkbar, Madame. Das ist der Flügel für Madame Victoria morgen.«

»Ja, und?«

»Also das kommt überhaupt nicht in Frage, Madame. Man weiß doch, wie die Musiker ihren Whiskey über's Klavier schütten.«

»Ich trinke keinen Alkohol, und am Flügel begleite ich mich selbst.«

»Ach so«, macht er, erstaunt und schnippisch.

Das Gespräch zieht sich hin, die Atmosphäre vergiftet sich, der Ton wird schärfer. Besonders meiner.

Doch dann markiert er mir nichts, dir nichts den Mann von Welt:

»Sie werden mich bitte entschuldigen, Madame, ich habe noch einige Dinge zu erledigen. Aber heute Abend werde ich selbstverständlich im Saal anwesend sein.«

Süffisantes Lächeln.

»Wenn das Klavier nicht ausgetauscht wird, könnte es sein, dass Sie dort dann der Einzige sind!«

»Aber, Madame, wir sind vollkommen ausverkauft!«

»Eben!«

In der darauffolgenden Viertelstunde wird der Kasten weggebracht, und mir wird die Ehre des Flügels, der morgen Madame Victoria – übrigens eine ganz große Sängerin – begleiten wird, zuteil.

Nach der Vorstellung erneut der Direktor, dümmliche Unschuldsmiene:

»Ah, Madame, wenn ich das gewusst hätte, dann natürlich, selbstverständlich ...!«

Es gab auch noch das Intermezzo mit dem Flügel in Fontainebleau, einem mit nackten Frauen verzierten Sammlerstück, das ich mit bei Borniol geliehenen schwarzen Stoffbahnen abdecken ließ, um nicht die Brust einer dieser üppigen Nymphen genau vor den Augen zu haben, während ich *Nantes* sang!

An jenem Tag war Georges Olivier nicht anwesend, das Fax existierte damals noch nicht. Das Telegramm, das er von mir erhielt, war genauso kurz wie deutlich:

Tournee mit Ihnen zu Ende – stop.

Wieviel Nerven, wieviel verlorene Zeit, wieviel Scheinheiligkeit und oft auch Inkompetenz!

Wieviel vergeudete Energie mit diesen täglichen und bis zum Überdruss widergekäuten ewigen Leiern, denen nie oder nur wenig Gehör geschenkt wurde! ...

Ich habe folglich die Geschäftsbeziehungen zu Georges Olivier abgebrochen, verstehe mich aber weiterhin gut mit ihm.

Nie habe ich gerne einzelne Galavorstellungen gegeben, wie zum Beispiel am Montag nach Bordeaux zu fahren, sofort wieder zurückzukehren, um dann am Donnerstag erneut nach Toulouse aufzubrechen. Ich mag die Tourneen von Theater zu Theater, von Stadt zu Stadt. Ich liebte es, nachts zu reisen, die Städte zu durchqueren und mich dabei in Träumen über die schlummernden Einwohner zu verlieren, mir ihr Leben, ihr Glück, ihr Unglück, ihren Alltag vorzustellen. Ich hatte das Gefühl, während meiner Durchreise über sie zu wachen.

Ich liebe die Arbeit im Team, diese wiedererfundene Familie, das gemeinsame Leben von dem Augenblick an, wo die Lastwagen ankommen bis zum Ende der Abendvorstellung. Ich liebe die gemeinsamen Momente in guter oder schlechter Stimmung, die Nervereien, die Wutausbrüche, die Unter-vier-Augen-Gespräche, das »ich muss mal zwei Takte mit dir reden«, das Lachen, die Aussöhnungen, diese heiklen Erwartungshaltungen innerhalb dieser Truppe von Nomaden, die unwiderstehlich magnetisch alle vom selben Ziel angezogen waren: erfolgreich einen Abend lang ein Fest zu feiern und dieses mit dem Publikum zu teilen.

Eines Abends, als mein Erfolg schon allseits anerkannt war, suchte Tony Raynaud im *Bobino* das Gespräch mit mir. Im Laufe jener Woche waren sämtliche Tournee-Direktoren Frankreichs bei mir vorstellig geworden, um mir Angebote zu unterbreiten. Im Anschluss an meinen Auftritt betrat Tony meine Garderobe. Ich kannte seinen guten Ruf, denn er hatte Tourneen mit Edith Piaf, Fernand

Renaud und vielen anderen veranstaltet. Noch am selben Abend sagte ich zu Marie Chaix, die mich begleitete: »Mit diesem Mann werden wir auf Tournee gehen.« Ich hatte kein Auto, nicht einmal genug Geld, um eines zu kaufen.

Ich rief Louis Hazan, den Produktionsleiter bei Philips, an, der sagte, ich solle das Auto meiner Träume auswählen und mir einen Chauffeur besorgen. Serge Reggiani fand für mich den Chauffeur, den ich »Peter« nannte, ich weiß allerdings nicht mehr warum. Da ich mich mit Autos überhaupt nicht auskannte, habe ich den Wagen zusammen mit Peter ausgesucht. Vor einem Mercedes in Silbergrau Metallic, der auch Peter gefiel, hielt ich plötzlich voller Bewunderung inne. Er war von einem Komfort, den man auf den ersten Blick nicht erahnte. So begab ich mich auf die Straßen, war unterwegs mit Marie, die den Beleuchtungsplan erstellt hatte und in einer großen Tasche Filter in allen Farben mit sich führte! Hinter uns folgten in einem anderen Wagen Joss Baselli und Michel Gaudry.

Tony Raynaud war eine Person, die direkt aus dem Werk Marcel Pagnols entsprungen schien. Ich mochte ihn außerordentlich, er war lebendig, belastbar, er kannte sich aus mit Böden und Wein. Damals war er Direktor des schönen *Théâtre du Gymnase* in Marseille. Er lebte auf einer Domäne in der Nähe von Aix-en-Provence, auf der über dreihundert Schafe friedlich weideten. Jeder, der bei ihm auftrat, wurde von ihm auf das herzlichste empfangen. Ich erinnere mich an einen wunderbaren Zwischenstopp mit Julien Clerc bei ihm. Tony liebte diesen Beruf, aber das war nicht sein Lebensinhalt. Für ihn war es immer überflüssig, eine Vorstellung auch nur um das Geringste zu verbessern, denn »alles funktionierte ja wunderbar so«! Aber er passte wie ein Luchs auf das Köfferchen mit den Einnahmen des Abends auf, das er an sein Handgelenk gekettet hatte. Hierzu muss bemerkt werden, dass er, was das Geld anbelangte, äußerst strikte Anweisungen von meinem Agenten, Charley Marouani, erhalten hatte, der mich vor meiner natürlichen Neigung, ausufernd großzügig zu sein, bewahren wollte. An dem Tag, an dem ich in Strasbourg hundert Füllhalter der Marke Lamy kaufte, um sie »meinen Männern« und anderen zu schenken, verlor er beinahe den Verstand, wusste er doch nicht, wie er diese Sache Charley beibringen sollte. Wenn wir ins Restaurant gingen, bestellte er ein Gericht für mich und gab selbst vor, keinen Hunger zu haben, probierte und aß dann aber bei mir mit. Später heftete er die Rechnung an die Kostenaufstellung (für mich ein Fremdwort, das aber in seinem Sprachgebrauch ständig vorkam: »Du fügst das der Kostenaufstellung bei …«).

Tony war ein wundervoller Geizhals, er wusste das und lachte darüber.

Ich hatte mit Tony Raynaud einige verdammte Auseinandersetzungen, die sich stets um die Auftritte drehten. Häufig war ich mit seiner Vorstellung von einem Künstler nicht einverstanden. Es stimmt, dass herzliches Lachen oft unsere Aussöhnungen besiegelte. Ein Lachanfall kann im Übrigen auf einen Schlag alles hinwegfegen, entdramatisieren, die Dinge auf ihr eigentliches Maß zurückschrauben – er muss sich nur zur rechten Zeit in meine Wutanfälle einschleichen. Ich allerdings zeichne mich dadurch aus, dass ich mich komplett verbarrikadiere, mich vollkommen einschließe, den Schlüssel dreimal umdrehe, mich zu einer Fremden für meinen Gesprächspartner mache, der für mich dann seinerseits hochgradig fremd wird. Urplötzlich fange ich an, einen Freund oder jemanden, den ich seit zehn Jahren kenne, zu siezen. Und schlimmer noch, ich kann mir nicht einmal mehr vorstellen, dass wir uns jemals mehr als fünf Minuten in unserem gesamten Leben gesehen haben. Mein Zorn, den ich unveränderlich als gerechtfertigt empfinde, der sich niemals nur aus irgendeiner Laune heraus entzündet, bricht sich immer dann Bahn, wenn mich die Weißglut treibt, wenn mich ein Schmerz oder eine Gewalttätigkeit so sehr quälen, dass ich darin untergehe und die Ungerechtigkeit herausbrülle mit dem Gefühl, dass mich niemand erhört in meiner Aufrichtigkeit und beim Einfordern der Wahrheit.

Nachdem ich auf stimmlosen Klavieren gespielt, beleidigende Telegramme per Express an den jeweiligen Tournee-Direktor verschickt, mich für meine eigene Sache, aber auch für meine Künstlerkollegen geschlagen hatte, nach Wutausbrüchen, bei denen du ein Tyrann zu sein scheinst, obwohl du doch nur anspruchsvoll bist, voller Respekt für ein Publikum, das doch nicht kommt, um einer schlechten Vorstellung beizuwohnen – ich hatte bereits mit Brel darüber diskutiert, der genauso über die schlechten Flügel erbost war, die man François Rauber anbot, und der mir sagte, dass er das Problem gelöst habe, indem er in die Flügel pinkelte, um daraufhin einen besseren zu erhalten –, also nach stundenlangen Kämpfen, unnützen Erklärungen gegenüber tauben Direktoren, die zu allem Überfluss darüber nur lachten, entschied ich, überallhin meinen eigenen Flügel mitzubringen.

Von da an ging es steil bergauf und die Karawane wurde größer. Anfangs passte die Verstärkeranlage in einen Mercedes. Allmählich kamen eine Tonanlage dazu, die Beleuchtung, die Musiker, das Team, dann mehrere Teams, und du gelangst von dem einfachen Kofferraum eines Autos zu einer Tournee mit zwei Sattelschleppern, die den Ton und die Projektoren transportieren, und eines schönen Tages die Lampengerüste. Das Ganze dient dazu, dass du dich jeden Abend ungefähr in denselben räumlichen und akustischen Verhältnissen bewegen kannst. Was übrigens ein Irrtum ist, denn wenn man denselben Ton haben möchte, hängt das nicht nur vom Material, sondern auch von der Höhe und Beschaffenheit der Bühne, den Kulissen, dem Bodenbelag und der Raumtemperatur ab. Ich habe beispielsweise immer verlangt, dass in den Kulissen nicht mehr als 18 Grad Celsius herrschen. Da das trotz aller Zusatzvereinbarungen und Anhängen zu den Verträgen nicht immer eingehalten wurde, spazierte ich lange Zeit mit einem Spezialschlüssel herum, um die zu hoch gedrehten Heizungen abzustellen! Die Wärme nimmt einem in der Tat die Stimme weg, erstickt die Lungen. Von dem Tag an, an dem ich einen Aufnahmeleiter hatte, musste ich mich um die Lösung solcher Probleme nicht mehr kümmern.

Du kannst ohne Beleuchtung singen, aber ohne den »Ton« kannst du es nicht. Beim Bühnenaufbau gibt es immer einen Konflikt zwischen dem Ton- und dem Beleuchtungsteam. Für die Beleuchtung hängt alles von der Position des Flügels ab. Niemals habe ich es versäumt, dabei zu sein, wenn der Flügel aufgestellt wurde, vielleicht in meinen allerersten Anfängen, aber später nie. Von der Position des Flügels hängt die Position der Musiker ab, die der Saalbeschallung sowie die der Beleuchtung. Von der Position des Flügels hängt auch ab, wie gut das Publikum in den vorderen Reihen sieht, wenn die Bühne zu hoch ist. Um diese Schwierigkeit zu meistern, entschieden das Team und ich eines Tages, für den Flügel ein falsches Bein anfertigen zu lassen, um ihm so eine Neigung zu verleihen. Das war zwar zum Singen weniger angenehm, aber wesentlich besser für das Publikum.

Jede Vorstellung enthält immer eine zweite, beziehungsweise es gibt immer zwei Sichtweisen einer Aufführung: die des Publikums vom Saal aus und die der Künstler auf der Bühne. Um freier zu sein und mich schneller bewegen, mich vom Klavier erheben oder wieder setzen zu können, bat ich Rouvey um einige zusätzliche Lichter auf der Bühne, was er mit der Erklärung ablehnte, das würde sein Licht »verschmutzen«. Er hatte seine Gründe, ich die meinen. War ich auf der Bühne nicht glücklich, so konnte die Vorstellung darunter leiden. Ich mochte es ebenso wenig, in einem durch die Beleuchtung zu sehr begrenzten Raum singen zu müssen, ich wollte, dass das Licht bis in die Kulissen herabfällt und manches Mal auch sogar bis auf den Boden und ganz bis an den Rand der Bühne. Ich mag es gleichfalls – wie ein Bildhauer, der räumlich arbeitet –, dass es dich bis zu den Fingerspitzen zeichnet, außer natürlich bei manchen Chansons, die ich im Schaukelstuhl sang, wie etwa *A peine, Coline, Vol de nuit* …

Rouvey sah das letztlich alles ein, und wir haben liebevoll über unsere Lichter verhandelt. In der Anfangszeit brach er mit mir auf Tournee auf, um die Beleuchtung zu regeln. Mir sind wahnwitzige Lachanfälle und eine unglaubliche Übereinstimmung in Erinnerung. Als er eines Tages in einem Theater vier Stunden mit der dortigen Lichtassistenz um einen lilafarbenen Filter verhandeln musste, entschieden wir, dass es, um Unwillen und Inkompetenz entgegenzuwirken, zukünftig besser wäre, wenn ich von Beginn des Aufbaus an auf der Bühne sei. Tatsächlich wurde dank meiner stummen Anwesenheit am Morgen manches leichter. Außerdem war ich glücklich, mit ihnen allen dort gemeinsam zu sein und nichts zu verpassen, was mit der Vorbereitung auf der Bühne zusammenhing, und da ich bereits frühmorgens aufkreuzte, genoss ich einen gewissen Respekt der Teams vor Ort.

Allmählich erweiterte sich der künstlerische Tätigkeitsbereich Rouveys; er interessierte sich für das Theater und den Tanz und stand dadurch weniger zur Verfügung. Er kümmerte sich, das war klar, vorrangig um Sylvie Vartan und Johnny Hallyday, mit denen er schon seit langem zusammenarbeitete, und ging nicht mehr mit uns auf Tournee.

Es ist ein großer Unterschied, ob man für eine Vorstellung in Paris jeden Abend am selben Ort für die Beleuchtung sorgt oder aber jeden Abend in einer anderen Stadt. Handelt es sich um ein Theater, so ist es das Beste, mit der Beleuchtung dieses Theaters zu arbeiten, handelt es sich allerdings um eine Mehrzweckhalle, muss improvisiert werden. Van Huan, ein ausgesprochen schöner, ausnehmend sensibler, äußerst introvertierter Mensch, brillierte auf dieser Ebene. Ich habe gerne mit ihm zusammengearbeitet.

Mit einer weiteren originellen Person hatte ich zu tun, einem Chilenen, den ich »Yo-no-sé« genannt hatte, weil er, ganz egal, worum man ihn bat, immer diese unverbindliche Antwort gab. Rouvey hatte auf meinen Wunsch hin in den Kulissen auf einem Scheinwerfer zu drei Vierteln einen roten Filter installiert, hinter Gérard Daguerre, was den Musikern und mir ermöglichte, dass wir uns gut sehen konnten. Diese Beleuchtung war ein unbedingtes Muss, ohne sie saßen wir in einem dunklen Loch. Nicht ein einziges Mal merkte sich das »Yo-no-sé« an seinem Mischpult. Ich schrie herum, den Kopf zu den Kulissen gewandt, und »Dada«, der mich in Schwierigkeiten sah, brüllte seinerseits in die Kopfhörer von »Yo-no-sé«, um die »drei Viertel Rot« zu bekommen. Als ich eines Abends im *Zénith* gar nichts mehr sah, überhaupt nichts, und ich bedrohlich herumwetterte, drehte sich ein Bühnenarbeiter, der mich nach meinem Dreiviertel Rot schreien hörte, zu »Dada« um und fragte: »Sie verlangt nach ihrem Roten, weißt du, ob sie trinkt?«!

Als »Dada« mir hinterher die Anekdote erzählte, hat das große Gelächter alle beruhigt … einen Abend lang!

Um die Heftigkeit der Wutausbrüche, die Schmerzen, die sie auslösen und die sie begleiten, verstehen zu können, muss man wissen, dass die Bühne alle Emotionen auf den Höhepunkt treibt. Alles ist vervielfacht, elektrisiert, du allein musst für deine Fehler und die der anderen einstehen, alles ist ungeheuer schnell, intensiv, du bist außer dir, »aus der Haut gefahren«. Nichts ist offensichtlich, nichts ist besonders natürlich daran, ein Kostüm anzuziehen, sich zu schminken, um alsdann auf die Bühne zu treten. Dieses Zurschaustellen seiner Selbst und seiner Gefühle, auf das ich nicht mehr verzichten konnte, führte dazu, dass ich danach die Flucht ergriff und mich lange versteckte, unglücklich, »verstimmt«, bis zu der Stunde, in der ich wieder sang.

Auf diese Weise kam ich vom Licht zur Nacht, vom Krach zur Stille, von der Liebe zur Verzweiflung, verrückt danach zu singen, verrückt nach diesem Beruf, der meine ganz eigene Weise war, auf die anderen zuzugehen.

Lange habe ich alleine am Klavier gesungen, aber nach und nach habe ich die Arbeit mit den anderen im Team zu lieben begonnen.

Ich habe das geliebt, was das Publikum leider niemals sieht: die Ankunft der Lastwagen, das Ausladen, den Aufbau vor der Vorstellung. Es handelt sich dabei um eine wahre Präzisionsarbeit. Die Männer bewegen sich mit der Schnelligkeit und der Gelenkigkeit von Akrobaten, das ist herrlich. Wenn ich das Innere eines Theaters betrat, überschritt ich die Schwelle zu einer anderen Welt. Wenn ich auf die Bühne trat und die Techniker bei der Arbeit hörte und sah, hatte die Vorstellung bereits begonnen, und ich habe immer verlangt, dass von diesem Augenblick an niemand mehr hereingelassen wird. Das war nicht der Moment.

Von ein oder zwei Ausnahmen abgesehen, habe ich niemals einer mir nahe stehenden Person Zutritt gewährt, um nicht die Abläufe zu stören oder zu verändern. Ich hätte darunter leiden und somit weniger gut singen können.

Ich war kompromisslos. Das war vielleicht ein wenig »totalitär«, keine Ahnung, aber so war es nun einmal.

Eines Tages trat einer meiner Freunde – ein berühmter Mann, den ich nicht beim Namen nenne – auf einen Stecker und hat ihn dabei herausgezogen. Er wollte sehen, was hinter den Kulissen passiert …

Was hinter den Kulissen passiert, geht niemanden etwas an. Ich gehe auch nicht in das Büro meiner Freunde und spiele die Besucherin, die die guten Ideen hat. Auf der Bühne ist es gefährlich, ein Scheinwerfer kann dir auf den Schädel fallen oder jemand anderen verletzen. Kurzum, du hast da nichts zu suchen. Basta!

Und dann naht die Stunde der Stille … Wenn die Männer die Aufbauarbeiten, die Scheinwerfereinstellungen beendet haben, abends … Die Stunde der Erwartung! In meinem »Kulissenschaukelstuhl« sitzend, strenge ich mich an, um schön auszusehen, bin wachsam in meinem schwarzen Samtanzug, in dem schwarzen Clownanzug.

Ein undefinierbares Fluidum zirkuliert in meinem Körper, in meinem ganzen Sein. Ich empfinde eine enorme Anspannung, Freude und eiskalte Angst. Zurückgezogen, eingeschlossen in mich selbst, konzentriere ich mich, sammle die Energie, die ich für den Auftritt benötige, und halte sie zurück.

Oh meine Theater
Oh meine Momente der Stille
Meine Paradiese und meine Höllen
Meine Finsternis und meine Klarheit
Oh meine Sommer
Oh meine Winter
Oh meine samtenen Stoffe
Oh meine Liebesträume
Oh meine Schiffe
Oh meine Vögel
Ihr alle wohnt unter demselben unendlich weiten Himmel
eines gleichen und mannigfaltigen Landes

»Lily Passion«

SIE, DIE SIE VORBEIKOMMEN …

(Text, der während der gesamten Probendauer[*] an der Eingangstür des »Theaters« in Précy hing)

Sie kommen aus der Stadt mit ihren Energien, wir haben die unseren.

Danke dafür, dass Sie dies verstehen,

keine Fragen stellen,

im Moment hierzu keine Meinung äußern.

Sie haben das Recht, mit dieser Wahrheit, die die unsere ist, nicht einverstanden zu sein!

Es ist also besser, nicht in dieses Studio einzutreten.

Wir müssen uns konzentrieren können und benötigen eine ganz bestimmte Stille.

Sie auch, wenn Sie beim Arbeiten sind.

Was für Sie eine kurze Pause bedeuten mag, kann uns stören.

Wir sind in diesem Moment verletzlich.

Ich spreche dieses voller Respekt und Liebe zu Ihnen aus.

Danke!

[*] Barbara hatte auf ihrem Anwesen in Précy in einer Scheune einen Probenraum eingerichtet, den sie als »Theater« bezeichnete und auch – in Anspielung auf eine Passage in *Nantes* – ihre »grange au loup« nannte.

PROGRAMMTEXT PANTIN*

Frauen, glitzernden Schmetterlingen gleich, fliegen leicht und ätherisch durch die Lüfte, schwingen ihr Leben von einem Trapez zum anderen!
Bläulich, rot, violett rauben uns die Trapezkünstler den Atem und hängen ihn am Trommelwirbel auf …

Der Zirkus!

Lichtdurchflutete blonde Mähne, eine Kunstreiterin im Galopp …
Der Geruch der Sägespäne, die ergreifende Musik der Clowns, die stolpern und hinfallen …!

Der Zirkus!

Unter ihrem rubinroten Satinumhang die Jongleure!
Balancekünstler! Kaskadeure! Feuerschlucker!
Der Nervenkitzel,
Stets auf's Neue, der lange Weg der Geduld,

Der Zirkus!

* Text von Seite 3 des Programmheftes zu Barbaras Show im Pantin an 25 aufeinanderfolgenden Abenden vom 28. Oktober bis 21. November 1981, die zu einem großen Triumph wurde. Barbara wirkte maßgeblich an allen Details mit, von der moderaten Preisgestaltung bis zur Ausstattung des Saales.

Danke Ihnen allen, die Sie an dieser Vorstellung teilgenommen haben mit so viel Großherzigkeit, so viel Korrektheit!
*Danke, Monsieur Jean Richard**, *der Sie Ihr Leben gegeben haben, den Zirkus zu lieben und ihn beliebt zu machen!*

Unter dem weiten Himmel des grauen Kuppelzeltes von Pantin, mit meinen Akrobaten! meinen Männern, die mich auf allen Reisen mit meinem »Piano-Trapez« begleitet haben:
Heute Abend schwinge ich mich zu Ihnen empor,
endlich habe ich Sie wiedergefunden!

* Jean Richard, 1921-2001, gründete 1957 seinen Zirkus, der 1974 in das neu errichtete Kuppelzelt an der Porte de Pantin zog. Richard stellte sein Zelt immer wieder für große Konzerte zur Verfügung.

PROGRAMMTEXT, CHÂTELET (1993)*

Männer und Frauen meiner Truppe!

So lange wir gemeinsam unterwegs sind, den Regen, den Wind, die Hitze, die Mühsal, die magischen Räume, die Zirkusarenen und die Theater miteinander teilen, so lange wir ein umherziehendes Völkchen sind, Reisende der Nacht, um einen magischen Moment immer wieder von neuem und jedes Mal weiter entfernt, auferstehen zu lassen, so lange ich über euch wache und ihr über mich wacht, so lange ich singe, werde ich nahe bei euch eine glückliche Nomadin sein.

Männer und Frauen meiner Truppe, vergesst nicht, dass wir nur ein kurzer Augenblick sind und dass wir es uns schuldig sind, diesen Augenblick magisch werden zu lassen!

Ihr sollt wissen, dass wir gemeinsam einen ganz besonderen Beruf ausüben, wir sind Diener der Freiheit, des Lichtes und der Liebe.

Männer und Frauen meiner Truppe, ich bin stolz auf euch!

* Barabara trat vom 16. September bis zum 11. Oktober 1987 im *Théâtre du Châtelet* auf, ebenso einige Jahre später vom 6. November bis zum 12. Dezember 1993.

Meine Reise war an ihrem Ziel angekommen
Und mir wurde mein Gepäck abgenommen
Sie waren zum Rendezvous erschienen
Was kann man dazu sagen
Mir lag daran, es Ihnen zu sagen:
Heute Abend danke ich Ihnen
Was kann man dazu sagen:
Ich bin gekommen, Ihnen zu sagen:
Meine größte Liebe
*Sind Sie …**

* Dies sind die letzten Verse des Chansons *Ma plus belle histoire d'amour.*

»Ich schenke dir meine Kette, meinen Anhänger, eine Haarsträhne, meinen Schal, das Döschen, das ich von meiner Großmutter habe oder von meiner besten Freundin … Ich schenke dir meinen Füllhalter, mein Radiergummi, meinen Bleistift …«

In der Schule haben wir alle geschenkt, nicht getauscht, sondern aus Liebe verschenkt. Es dem anderen geben, damit es ihn beschützt, damit er uns am Ende der Ferien nicht vergessen hat. Damals trugen die Jungen keinen Schmuck. Sie verschenkten Achatmurmeln, kleine Taschenmesser oder Pullover. Die Mädchen verschenkten, wenn sie gar nichts anderes hatten, das Jesuskind oder die blaue Jungfrau aus Lisieux, die sie um den Hals trugen.

Ich bin gerührt, wenn ich Jugendliche sehe, die das Schmuckstück oder den Schal oder den Ring tragen, den ein Mädchen oder ein Junge ihnen geschenkt hat. Das erkennt man sofort. Es ist wie ein Merkmal, ein Zeichen, das besagt: »Ich bin nicht frei, dies ist die Kette, die Wärme, das Parfum von …, das ich bei mir trage …«

Es war mir niemals in den Sinn gekommen, dass ein solcherart am Hals, am Handgelenk oder auf der Haut gekennzeichneter Mensch mir gehören könnte. Ich hoffe, dass dies umgekehrt genauso galt!

In unseren Häusern, den Büros, an den Orten, an denen wir leben, sind wir umgeben von Erinnerungsstücken, an die sich unser Auge gewöhnt hat. Ich könnte nicht genau sagen, welche Gegenstände um mich herumstehen, aber ich weiß, verstellte man sie mir, würden sie mir augenblicklich fehlen. Es ist schon merkwürdig, diese fragilen Objekte, die nicht immer vom besten Geschmack zeugen, die uns auf unseren Reisen begleiten, unser ganzes Leben lang, obgleich man sich manches Mal wünschte, sie würden verschwinden, tauchen sie immer wieder aus alten Truhen, Koffern und Schubladen auf … Nie kaputt! Nie verloren gegangen!

Diese Hartnäckigkeit, die sie an den Tag legen, scheint wundersam, stets sind diese Dinge da, überall, sie behaupten sich, dickköpfig. Wollen sie uns durch Zeit und Raum hinweg etwas mitteilen, die Gedanken, die Erinnerungen der anderen?

Viele meiner Objekte sind Liebesbezeugungen meines Publikums. Mit der Post geschickt, durch das Fenster meines Wagens geworfen, wenn ich die Theater verließ, mit ein paar darauf gekritzelten Worten, häufig ohne Adresse.

Ich erinnere mich an ein junges Paar, das eines Abends in Montreal, im *Théâtre des Arts,* am Rande der Bühne saß. Am Ende von *Ma plus belle histoire d'amour* zieht die Frau, nachdem sie und ihr Mann sich kurz angeschaut haben, plötzlich ihren Ehering vom Finger, legt ihn mir in die Hand und schließt diese.

Diese Situation wiederholte sich eines Abends im *Pantin,* genau die gleiche, mit denselben Gesten.

Diese beiden Eheringe besitze ich noch immer, der eine ist aus Gelbgold, der andere aus Rotgold mit einer Gravur.

Während ich eines Abends nach meinem Auftritt in meiner Garderobe Autogramme gab, steckte mir eine weinende Frau wortlos einen Ehering aus geflochtenem Gold zu. Bevor ich Zeit hatte zu reagieren, war sie verschwunden.

Jugendliche haben mir oftmals kleine Broschen oder irgendwelche stibitzte Gegenstände geschenkt, die sicherlich von der Mutter oder der Schwester stammten; sie verschwanden dann sehr schnell und ohne ein Wort!

Im *Pantin* gab es diesen riesigen Pierrot aus weißem und schwarzem Satin, der mir am Abend meines letzten Konzertes auf der Bühne überreicht wurde. Vollkommen überwältigt von diesem Augenblick habe ich noch nicht einmal daran gedacht, mich zu bedanken.

Viele Male brach ich in einem mit Blumen überladenen Wagen von den Theatern auf. Wenn die Sträuße zu üppig waren, befestigten die Lastwagenfahrer sie mit großer Vorsicht an einer schweren Metallstange, die sie extra zu diesem Zweck im Anhänger angebracht hatten, damit diese Kostbarkeiten, ohne allzu sehr leiden zu müssen, der Tournee folgen konnten.

Ich glaube, dass die Gegenstände, die man liebt, dafür gemacht sind, zu wandern. Es kann uns passieren, dass wir sie verschenken wollen, einfach nur so, an Menschen, die wir nicht kennen, die uns aber berührt haben. Auf diese Weise habe ich viele, viele Dinge – vollkommen egal, ob von großem oder geringem Wert – an Menschen verschenkt, die mir begegneten. Ich habe es nie bereut. Es ist eine solche Beglückung zu schenken, die Freude und Verwunderung im Blick des anderen zu lesen. Ich glaube nicht, dass der Mangel dabei eine unbedingte Voraussetzung ist, aber ich glaube, dass es wichtig ist, gedarbt zu haben, Kälte, Hunger, Leid erfahren zu haben, denn dies erlaubt es, eines Tages denjenigen, der leidet, besser zu erkennen und ihm besser beistehen zu können.

Habe ich genug geteilt?

Habe ich Ihre Erwartungen genügend erfüllt?

Ich habe so viel Liebe erhalten, so viel! Und all diese Energie, die mich vorangebracht hat, die mich singen ließ, die es mir erlaubt hat, diesen Beruf zu ergreifen und ihn so auszufüllen, wie ich es für richtig hielt: indem ich nicht folgsam war, indem ich mich allen Archetypen verweigerte, indem ich einen Instinkt entwickelte, der mich stets davor bewahrt hat, mich im Kompromiss, in der Verwirrung zu verlieren.

Ich habe kein Geheimnis, keine Zauberformel.

Man muss seiner Bestimmung folgen, seine Sehnsucht bewahren, sich niemals in etwas dreinschicken, sich tief in seinem Inneren wohlfühlen.

Von sich selbst so viel verlangen wie von den anderen.

Über den anderen wachen wie über sich selbst.

Mit einer unbeirrbaren Unbeugsamkeit wollen.

Zu seiner Wahrheit stehen.

Niemals die Hoffnung verlieren.

Wieder von vorne anfangen wollen.

Angst haben, aber dennoch stets weitergehen.

Auf jeden Fall sollen Sie wissen, dass ich mit Ihnen, durch Sie und für Sie gelebt habe, selbst, wenn ich ganz gewiss auch für mich selbst gesungen habe.

Manches Mal waren Sie lästig, aufdringlich, furchtbar. Ich fühlte mich verfolgt, bedrängt, verschlungen. Oft hatte ich große Angst, aber ich habe Sie geliebt. Bis hin zur körperlichen Erschöpfung, bis zur Erschöpfung meines Herzens, meiner Seele, bis zur Schmerzgrenze, bis zur Selbstaufgabe. Und als ich am 26. März 1994, am Abend meines allerletzten Konzertes in Tours, in meinen Wagen stieg – ich kann Ihnen sagen –, da war ich nur noch eine ausgelaugte, schmerzensreiche, leere, zerstückelte und zerstörte Frau.

Nach diesem unermesslichen letzten Fest, geleitet von einem schweigsamen Philippe, begleitet von meiner Béa, die sich ganz klein machte, um mich an keiner Stelle zu stören, war ich erschlagen von all dieser Liebe, diesen Blicken, Ihren mir entgegengestreckten Händen. Aber trotz meiner Zurückgezogenheit, trotz dieses langen Trauerns, das ich am Ende meines schönen und intensiven Nomadenlebens aufgenommen habe, war ich eine glückliche Frau.

Zeittafel

9. Juni 1930: Barbara wird als Monique Andrée Serf in Paris geboren. Sie ist das zweite der insgesamt vier Kinder von Jacques Serf, der aus dem Elsass stammt, und der aus dem ukrainischen Odessa stammenden Esther Brodsky. Der Bruder Jean ist zwei Jahres alt. Die Familie ist jüdisch.

1938: Geburt der Schwester Régine.

1939: Nach dem Ausbruch des Zweiten Weltkriegs wird der Vater eingezogen. Die Familie trennt sich. Monique und ihr Bruder ziehen mit einer Tante nach Poitiers.

Ab 1940: Zweiteilung Frankreichs nach dem Waffenstillstand vom 22. Juli 1940 in ein von Deutschen besetztes und ein unbesetztes Gebiet. Die im vom Vichy-Regime beherrschten Teil Frankreichs lebenden Juden können sich leichter vor den Nazis verstecken, sind aber dennoch ständig von Denunziation bedroht. Die immer wieder auseinandergerissene Familie Serf muss über Jahre mehrfach flüchten und umziehen. Trotz der schwierigen Umstände hat Monique die Möglichkeit, auf Klavieren von Schulfreundinnen zu üben.

1942: Geburt des Bruders Claude.

1944: Monique muss sich mehreren Operationen an der rechten Hand unterziehen.

1945: Nach Ende des Zweiten Weltkriegs zieht die Familie im Oktober nach Paris zurück, um bei der Großmutter, Varvara Brodsky, nach der sich Barbara später nennen wird, zu wohnen.

1946: Monique nimmt Gesangsunterricht. Der Vater mietet ihr ein Klavier. Im Dezember Tod der Großmutter.

1947-1949: Gasthörerin im Nationalen Musikkonservatorium.

1949: Der Vater verlässt die Familie.

1950: Monique geht nach Brüssel und tritt dort erstmals unter dem Namen Barbara in verschiedenen Nachtlokalen auf. Sie interpretiert Edith Piaf, Leo Ferré, Aristide Bruant.

1950-1953: Engagements auf verschiedenen Kleinkunstbühnen in Frankreich und Belgien. Barbara arbeitet auch als Tellerwäscherin in Nachtlokalen, um ihren Lebensunterhalt zu verdienen.

1953: Heirat mit Claude Sluys, einen belgischen Juristen, der ihr Agent wird. Mit ihm zusammen eröffnet sie eine Kleinkunstbühne im belgischen Ixelles. Barbara spielt Theater, rezitiert und singt.

1954: Rückkehr nach Paris. Engagement im Cabaret *L'Ecluse*, wo sie bis 1964 auftritt.

1956: Trennung von Claude Sluys.

1958: Erster Schallplattenvertrag bei Pathé-Marconi.

1959: Erster Fernsehauftritt in *Discorama*. Barbara kauft ihr erstes Klavier. Im Dezember Tod des Vaters, den sie zehn Jahre nicht gesehen hat. Sie verarbeitet ihre Beziehung zu ihm in dem Lied *Nantes*, das sie vier Jahre später vollendet und das ein großer Erfolg wird.

1960: Für *Barbara chante Brassens* bekommt sie den *Grand prix du disque de la chanson française* der *Académie Charles-Cros*. Neben ihrem festen Engagement in der *Ecluse* tritt sie auch auf anderen Bühnen auf und spielt Theater.

1961: Erster Auftritt im *Bobino*.

1963: Bekanntschaft mit Edith Piaf. Als Sekretärin und Agentin, mit der sie auch gemeinsam Lieder schreibt, engagiert Barbara Sophie Makhno, die sich Françoise Lo nennt.

1964: Abschied von der *Ecluse*. Im Juli nach langem Zögern Reise nach Göttingen. Nach erfolgreichen Auftritten im Jungen Theater beginnt sie das Lied *Göttingen* zu schreiben. Künstlerischer Durchbruch in Frankreich nach Auftritten im Vorprogramm von Georges Brassens im *Bobino*. Teilnahme an Festivals und Fernsehsendungen.

1965-1969: Zusammenarbeit u.a. mit Serge Gainsbourg, Georges Brassens, Georges Moustaki. Sie erhält Preise und ist ein Star. Das Radio überträgt live ihre umjubelten Konzerte. Auftritte in Brüssel, Genf, Mailand, Tourneen in Frankreich, Italien und der Schweiz.

1967: Zweite Reise nach Göttingen, wo sie zum ersten Mal *Göttingen* auf Deutsch singt. Regelmäßige Auftritte im *Olympia,* Tourneen u.a. in Kanada, in der UdSSR, in Israel, Rumänien und den Niederlanden. Im November Tod der Mutter. Im Dezember gemeinsames Projekt mit Maurice Béjart.

1970-1980: Film- und Theaterprojekte mit anderen Künstlern, u.a. Hauptrolle in Jacques Brels Regiedebüt *Franz*. Gesundheitliche Probleme tauchen auf, u.a. leidet sie an einer Kehlkopfentzündung. Nach wie vor schreibt Barbara viel, singt, tritt auf – u.a. im *Olympia* – und veröffentlicht Schallplatten.

1973: Barbara erwirbt ein Haus mit großem Garten in Précy-sur-Marne, in dem sie bis zu ihrem Tod lebt.

1974: Im Juni wird Barbara mit einer Überdosis Schlaftabletten aufgefunden und ins Krankenhaus gebracht. Diese Erfahrung verarbeitet sie in dem Chanson *Les insomnies.*

1982: Frankreichs Kulturstaatsminister Jack Lang verleiht ihr den *Grand Prix National de la Chanson.*

1986: Premiere des Stücks *Lily Passion* mit Barbara und Gérard Depardieu im *Zénith* und anschließende Tournee durch ganz Frankreich. Gemeinsamer Auftritt mit dem Tänzer und Choreographen Mikhail Baryshnikov in der Metropolitan Opera in New York.

Ab 1986: Neben der künstlerischen Arbeit verstärktes soziales Engagement, vor allem im Kampf gegen Aids. Sie besucht Patienten in Krankenhäusern, singt in Gefängnissen und schreibt Lieder zu dem Thema.

1988: Verleihung der Ehrenmedaille *Chevalier de la Légion d'Honneur* durch den Französischen Staatspräsidenten François Mitterrand. Verdienstkreuz der Bundesrepublik Deutschland. Ehrenmedaille der Stadt Göttingen.

1992: Für eine Fernsehsendung zum Thema Europa wählt François Mitterrand das Lied *Göttingen* aus.

Ende 1993: Barbara muss wegen gesundheitlicher Probleme Konzerte absagen.

1995: Rückzug von den öffentlichen Bühnen.

1997: Beginn der Abfassung der Memoiren.

24. November 1997: Tod Barbaras. Ihr Grab befindet sich auf dem jüdischen Teil des Friedhofs in Bagneux.

Diskographie (Auswahl)

1958: *La Chanteuse de minuit*
1959: *Barbara à l'Ecluse*
1960: *Barbara chante Brassens*
1961: *Barbara chante Jacques Brel*
1964: *Dis, quand reviendras-tu?*
1964: *Barbara chante Barbara*
1967: *Barbara singt Barbara. Zum ersten Mal in deutscher Sprache*
1967: *Bobino 67. Ma plus belle histoire d'amour*
1968: *Le soleil noir*
1969: *Une soirée avec Barbara* (live)
1970: *Chansons de la piece de théâtre »Madame«*
1970: *L'aigle noir*
1972: *La fleur d'amour*
1972: *Amours incestueuses*
1973: *La louve*
1974: *Au Théâtre des Variétés* (live)
1978: *A l'Olympia 78* (live)
1981: *Seule*
1981: *Pantin 81* (live)
1986: *Lily Passion*
1987: *Châtelet 87* (live)
1990: *Gauguin – Théâtre Mogador* (live)
1994: *Châtelet 93*
1996: *Barbara*
1997: *Femme piano*

Bildnachweis

Umschlag, S. 145, S. 146: Städtisches Museum Göttingen

S. 143: photo J. Soulat, courtoisie Marie Chaix

S. 144: Haus der Geschichte, Bonn, mit freundlicher Genehmigung von Bernard Serf

S. 147, S. 149, S. 150: © Marcel Imsand, association Barbara Perlimpinpin

S. 148: Franz/Photo © Collection CSFF/Bridgeman Images